Bojan Godina · Harald Grübele · Kurt W. Schönherr (Hrsg.)

Werteorientierte Medienpädagogik

AF137547

Bojan Godina · Harald Grübele
Kurt W. Schönherr (Hrsg.)

Werteorientierte Medienpädagogik

Das Präventionsprojekt
‚Medienscout'

VS VERLAG

Bibliografische Information der Deutschen Nationalbibliothek
Die Deutsche Nationalbibliothek verzeichnet diese Publikation in der
Deutschen Nationalbibliografie; detaillierte bibliografische Daten sind im Internet über
<http://dnb.d-nb.de> abrufbar.

1. Auflage 2011

Alle Rechte vorbehalten
© VS Verlag für Sozialwissenschaften | Springer Fachmedien Wiesbaden GmbH 2011

Lektorat: Stefanie Laux

VS Verlag für Sozialwissenschaften ist eine Marke von Springer Fachmedien.
Springer Fachmedien ist Teil der Fachverlagsgruppe Springer Science+Business Media.
www.vs-verlag.de

Umschlaggestaltung: KünkelLopka Medienentwicklung, Heidelberg
Freies Lektorat: Andrea Cramer
Gedruckt auf säurefreiem und chlorfrei gebleichtem Papier
Printed in Germany

ISBN 978-3-531-17979-7

Für Melina Marie

Inhalt

Leo Keidel

Beispiel für ein Gewaltpräventionsprogramm in der Schule zur kritischen Reflexion eigenen Verhaltens

Lorethy Starck

»Moviecode« – ein Beitrag zur Medienanalyse

Tabea Tews

Der Film » Herr der Diebe« – Wertevermittlung durch ein Begleitspiel

Kurt W. Schönherr und Harald Grübele

Der gesellschaftliche Wertewandel – Ursachen und Wirkungen

Vorwort

Die sich rasant verändernde Medienlandschaft fordert die Medienpädagogik zu erweiterten Ansätzen heraus. Weniger die medientechnische, sondern vor allem die medieninhaltliche Kompetenz und die damit verbundene ethische Komponente scheinen in der Medienpädagogik bisher noch nicht genügend Raum und praktische Anwendbarkeit gefunden zu haben. Dabei ist der Ruf nach einer werteorientierten Medienpädagogik prinzipiell nicht neu. Schon seit einem Jahrhundert werden die neu etablierten Medien immer wieder im Hinblick auf die transportierten Inhalte kritisch diskutiert. Neu sind jedoch die Brisanz und die Vehemenz, mit der sich seit einigen Jahren die wissenschaftliche und vor allem die öffentliche Diskussion in Deutschland hinsichtlich der inhaltlichen Bewertungsaspekte entwickelt. Da die inhaltliche Problematik durch die starke wirtschaftliche und somit auch mediale Globalisierung weltweit in verschiedenen Ausprägungsgraden zu finden ist, sollte in der modernen Medienpädagogik ein werteorientierter Ansatz fixiert werden, der idealerweise interkulturell anwendbar ist. In diesem Buch wird der Versuch unternommen, einen solchen Ansatz theoretisch zu begründen und mit praktischen Anwendungen zu veranschaulichen. Das hier vorgestellte Projekt ist eine gedankliche und praktische Fortführung der Dissertationsforschung von Bojan Godina.[1] Zielgruppe sind Studenten und Experten der Medienpädagogik bzw. Medienwissenschaft, aber auch Lehrer, Erzieher und wissenschaftlich interessierte Eltern und Medienkonsumenten.

Zu Beginn wird die theoretische Grundkonzeption der werteorientierten Medienpädagogik aufgezeigt. *Bojan Godina* untersucht einige wesentliche Zusammenhänge, zum Beispiel wie stark die inhaltliche Entwicklung der Medien mit dem wirtschaftlichen Umsatz in Beziehung steht. Neben einem Grundverständnis des Marketings besteht die Forderung an eine moderne werteorientierte Medienpädagogik, auch interdisziplinär zu sein und die Sozial- bzw. Humanwissenschaften (zum Beispiel Psychologie, Gehirnforschung, Soziologie) zu integrieren, um komplexe Zusammenhänge herzustellen und pädagogisch sinnvoll zum Wohl des Menschen einsetzen zu können. Wissen allein reicht jedoch nicht aus. Der Mensch – vor allem der Heranwachsende – benötigt ein Wertesystem, um Medieninhalte diesbezüglich zu kategorisieren. Godina versucht in seinem Konzept, durch die Einbeziehung entwicklungspsychologischer Erkenntnisse und die von den Vereinten Nationen

---

1 Godina 2007.

1948 formulierten Allgemeinen Menschenrechte bzw. der Kinderrechtskonvention ein universales ethisches Anwendungskonzept für die Mediennutzung zu erstellen. Dies gelingt jedoch nur, wenn man zuvor die Menschenrechte auf so wenige Wesenszüge reduziert, dass sie mit den überkulturellen Moralvorstellungen der einzelnen Menschen übereinstimmen. Ein Modell, das eine solche minimale Moral anspricht, kann pädagogisch gewinnbringend auf die Medienwelten übertragen werden, wie Godinas Beispiele aus dem Winnender Präventionsprojekt des »Medienscouts« verdeutlichen.

Nach dem einleitenden theoretischen Grundlagenartikel folgen die anwendungsorientierten Beiträge. Zunächst wird das Grundkonzept der geplanten TV-Kinderserie »Matty, der kleine Grashalm« von *Harald Grübele* und *Patric P. Kutscher* als ein wegweisendes Beispiel herangezogen. Gleich von Beginn an wurde von den Produzenten gezielt eine Werteorientierung an den Menschenrechten angestrebt und im Drehbuch, über die Charaktere bis hin zu den technischen Mitteln sinnvoll umgesetzt. Dieses Beispiel belegt, dass es durchaus möglich ist, Kinderserien nicht primär durch marketingstrategische Aspekte zu betrachten und zu positionieren, sondern ethische, prosoziale und umweltbezogene Werte in der Produktion zu verwirklichen.

Dagmar Janssen stellt das naturpädagogische Projekt »Naturecode« vor. Während in »Matty, der kleine Grashalm« die Erkenntniskette zur Natur und zu den menschlichen Werten führt, startet das »Naturecode«-Projekt in der Natur. Der Film eröffnet die Möglichkeit, Werte der Natur wie auch des menschlichen Lebens zunächst als nonverbale Phänomene wahrzunehmen. Die Medien spielen in dem Projekt in mehrfachem Sinn eine Schlüsselrolle und haben sowohl inhaltliche als auch technische Bedeutung. Die inhaltliche Bedeutung ist durch aktuelle mediale Themen gegeben, die jedoch unter dem Aspekt der Entwicklungsaufgaben Personalisation, Sozialisation, Enkulturation und Spiritualisation betrachtet und mithilfe naturpädagogischer Zugänge verarbeitet werden. Die technische Bedeutung ergibt sich aus unterschiedlichen medialen Geräten. Computer, Videokameras, Digitalkameras, Aufnahmegeräte, Projektionsgeräte sind nicht mehr in erster Linie Unterhaltungsgeräte im Sinne des Sich-berieseln-Lassens, sondern werden vielmehr als die Erweiterung menschlicher Sinne erlebt. Die wertegeleitete Interaktion zwischen Mediengeräten bzw. Medieninhalten und den Naturphänomenen bis hin zu menschlich existenziellen Fragen ist in diesem Projekt handlungsleitend. Janssen zeigt ausführlich aus praktischer Sicht, wie die anthropologischen Wesenszüge der Menschenrechte bzw. die wenigen Kategorien der universalen Moralvorstellungen angewendet werden können. Abgerundet wird ihre Darstellung durch einige Aspekte der Beratungsintervention und Präventionsarbeit.

Das mehrfach national und international preisgekrönte Präventionsprojekt »Gewalt ist keine Lösung« des Kriminalpräventionsexperten *Leo Keidel* stellt ein weiteres praktisches Beispiel werteorientierter Medienpädagogik dar. Das Besondere an dem

Präventionsprojekt zur Problematik von Happy Slapping[2] ist, dass Jugendliche gemeinsam mit der Polizei ein authentisches und präventives Filmprojekt erstellen. Durch diese filmische Einleitung in die Problematik und damit in das Gesamt-medienpaket ist es gelungen, das Problem sehr authentisch durch die Peergroup darzustellen und Jugendliche im ersten medial-filmischen Schritt in ihrer Lebenswelt abzuholen. Erst danach werden im Präventionspaket weitere Fragestellungen und Gesetzesbezüge aufgearbeitet. Keidel zeigt anhand dieses Beispiels, dass Prävention weniger durch Verbote zu erreichen ist als durch moralische Sensibilisierung, die eine Verhaltensänderung bewirken kann.

Von der Religionspädagogik her kommend, berichtet der Theologe *Lorethy Starck* von seiner Erfahrung mit der Entwicklung und Durchführung des Projektes »Moviecode«. Das Projekt hat zwei Anwendungsfelder: 1. im schulischen Religions-unterricht, 2. im Rahmen eines Netzwerkes filmbegeisterter Jugendlicher. Durch das Projekt werden Spielfilme unter implizit religiösen Aspekten analysiert und danach didaktisch für den Religionsunterricht verwendet. Starck weist vor allem auf die Faszination erfolgreicher Filme hin, die menschliche Bedürfnisse in der Tiefe ansprechen können. Die darin enthaltenen Werte weisen oftmals religiöse Bezüge auf. Meistens handelt es sich dabei um Ideale, kaum erreichbare Werte oder sogar übernatürliche Inhalte, die vor allem in den Religionsunterricht einbezogen werden können.

Anhand eines selbstkreierten Gesellschaftsspiels zum Spielfilm »Herr der Diebe« zeigt *Tabea Tews* auf, wie man im Rahmen des Schulunterrichts verschiedene Werte (wie Familie, Freundschaft) bei den 10- bis 12-Jährigen ansprechen und vermitteln kann. Durch die Interaktion zwischen Brettspiel und visueller Präsentationstechnik ist es möglich, in zwei Schulstunden lebensweltnahe Themen, die im Film ange-sprochen werden, attraktiv und spielerisch aufzugreifen.

Zum Schluss schlägt der Artikel von *Kurt W. Schönherr* und *Harald Grübele* nochmals den Bogen zur Theorie und rundet das Thema der werteorientierten Medienpäd-agogik ab, hier mit einem Blick auf die gesamte Problematik des gesellschaftlichen Wertewandels.

Einige Bestimmungsfaktoren des Wertewandels heben die Autoren besonders her-vor, so zum Beispiel das Marketing, das durch die Massenproduktion und die ver-änderten Märkte geboren wurde und nun aus wirtschaftlichen Überlegungen mit raffinierten Methoden an die menschlichen Bedürfnisse anzuknüpfen versucht. Die Autoren weisen im Weiteren auf die Chancen hin, die der Wertewandel mit sich bringt. Mit einem Vergleich zwischen der Bedürfnispyramide Maslows und der Inglehart'schen Pyramide postmaterieller Werte verdeutlichen die Autoren, dass die Menschen zwar den jeweils knapperen Ressourcen großen Wert beimessen, gleich-

---

2 Wörtlich »lustiges Schlagen«. Körperverletzungen von Personen, die dann in ihren Reaktionen mit der Handykamera gefilmt und ins Internet gesetzt werden.

zeitig aber eine Tendenz zu postmateriellen Werten erkennen lassen. Das Plädoyer der Autoren lautet, den wachsenden postmateriellen Bedürfnissen bzw. Werten in Form alternativer Bildungskonzepte zu begegnen. Schönherr und Grübele werben für ihren pädagogischen Ansatz des lebenslangen Lernens, denn die elektronischen Medien bieten heute eine Fülle von Angeboten des begleitenden Selbstlernens bzw. des Fernstudiums, die man hier gewinnbringend nutzen kann.

Die vorliegende Beitragssammlung ist ein Gemeinschaftswerk, das im Wesentlichen die Grundgedanken des Heidelberg-Winnenden-Medienscoutprojektes zusammenfasst. Dieses entstand in enger Zusammenarbeit mit dem IKU-Institut Nürtingen-Ostfildern, mit der Firma Vimotion, Burgstetten, und mit der Präventionsstelle der Kriminalpolizei Waiblingen. An diese Institutionen geht unser herzlicher Dank. Besonders bedanken wir uns außerdem bei *Mirjam Diem* vom Georg-Büchner-Gymnasium Winnenden, bei *Prof. Dr. Otfried Höffe* von der Universität Tübingen und bei *Wieland Kniffka* von der Firma H & K Messe, Stuttgart. Ein ganz besonderer Dank geht an die Lektorin *Andrea Cramer* für ihre überaus sachkundige und engagierte Tätigkeit.

Weitere Informationen zum Thema sind den Internetseiten der Einrichtungen zu entnehmen: www.iku-institut.de; www.haus-der-praevention.de; der offiziellen Webseite von Medienscout: www.school-meets-media.de, zum E-Learning-System der Seite www.lifetime-learning.de.

Bojan Godina, Harald Grübele, Kurt W. Schönherr
Herausgeber

Theoretische Grundlagen der werteorientierten Medienpädagogik

Bojan Godina

1. Veränderungen in der wissenschaftlichen und öffentlichen Medienbewertung

Als wir gerade im Begriff waren, uns von den medienfeindlichen, aus dem anglo-amerikanischen Kulturbereich stammenden Werken wie *Schafft das Fernsehen ab*,[1] *Die Droge im Wohnzimmer*,[2] *Das Verschwinden der Kindheit*[3] oder *Wir amüsieren uns zu Tode*[4] zu erholen, ereilten uns aus inländischen prominenten Kreisen aktuelle Schreckensmeldungen.

Einer der bekanntesten Vertreter und Mitbegründer der deutschen Medienpsychologie, Peter Winterhoff-Spurk, schockierte 2004 die Mediendiskussion, diesmal jedoch nicht mit pädagogischen oder medienökologischen Schlussfolgerungen, sondern mit empirisch begründeten Beobachtungen aus dem medienpsychologischen Labor zu Veränderungen im Sozialcharakter der Deutschen. Winterhoff-Spurk relativierte die potenzielle Gefahr der Medien nicht durch wohldurchdachte wissenschaftliche Distanz in der Vielfältigkeit der Ergebnisse, Meinungen und Theorien, sondern schlug in seinem Bestseller *Kalte Herzen* schon im Vorwort explizit Alarm, was für einen Wissenschaftler seines Formats eher als untypisch gelten kann:[5]

(...) etwas Schwerwiegendes geschieht seit einigen Jahren, davon bin ich nach über 20jähriger Forschungs- und Lehrtätigkeit auf dem Gebiet der Medienpsychologie überzeugt: Die Medien, allen voran das Fernsehen, verändern schleichend den Sozialcharakter (...) es sind kalte Herzen, die da entstehen (...) Fernsehen ist ein Psychotonikum fürs Volk, und es wird höchste Zeit, dass wir dies bemerken. Klipp und klar formuliert: »A l'arme!«

---

1 Mander 1979.
2 Winn 1984.
3 Postman 1983.
4 Ebd. 1985.
5 Winterhoff-Spurk 2004, Vorwort.

Das Interessante dabei war, dass Winterhoff-Spurk vor 20 Jahren – also in der Zeit der bekanntesten kritischen Werke von Winn und Postman – als Wissenschaftler die gegenteilige Meinung vertrat[6] und von anderen Medienwissenschaftlern sogar gerne als Paradebeispiel für die medienpsychologische Relativierung solcher Schreckensszenarien zitiert wurde.[7]

Die populär wirksamen Mahnrufe der *Kalten Herzen* Winterhoff-Spurks blieben in Deutschland nicht die einzigen. Einige Monate später gesellte sich der Hirnforscher Manfred Spitzer zu den deutschen Warnenden mit einem weiteren Bestseller, der mit dem Titel »Vorsicht Bildschirm« beim Leser deutliche Assoziationen zu den Werken von Winn und Postman weckt. Manchen Laien ist der international renommierte Wissenschaftler durch seine mittlerweile über 150 Folgen der Sendung »Geist & Gehirn«, die wöchentlich auf dem Fernsehkanal BR-alpha gesendet werden, und zahlreiche populärwissenschaftliche Bücher kein Unbekannter mehr. Sein großer Einfluss auf die Meinungsbildung zum Thema Medien ist zumindest in der populärwissenschaftlichen Szene nicht zu ignorieren.[8]

Im Jahr 2006 traten zwei weitere Experten, der Hirnforscher Gerald Hüther und der Therapeut Wolfgang Bergmann, mit ihrem Gemeinschaftswerk »Computersüchtig« an die Öffentlichkeit.[9] Ihr Vorwort zum Buch endet ähnlich wie bei Winterhoff-Spurk mit der Mahnung: »Es wird Zeit, dass wir aufwachen.«

Seit einigen Jahren forscht nun auch das Kriminalistische Forschungsinstitut Niedersachsen e.V. (KFN) mit über 20 Mitarbeitern unter anderem über Computerspiele bzw. verschiedene Korrelationen zu Gewalt und Schulleistung.[10] Neben vielen eigenen Medien- und besonders gewaltkritischen Studien deckte das KFN 2008 auf, dass sich äußerst einflussreiche Medienpädagogen der Fachhochschule Köln in ihrer Verharmlosung von Computerspielen verdächtiger und unlauterer Methoden bedienten. Das KFN konnte zum Beispiel den Nachweis liefern, dass das »Institut zur Förderung von Medienkompetenz« der Fachhochschule Köln im Jahr 2007 von der Electronic Arts und Nintendo Deutschland mit 250.000 Euro finanziell unterstützt wurde.[11] Dieser »wissenschaftliche und politische Skandal«, wie es die *Neue Rheinische Zeitung* formulierte,[12] hat sicherlich in der öffentlichen Meinung

---

6   Winterhoff-Spurk 1986.

7   Heuermann 1995, S. 6.

8   Auch wenn Manfred Spitzer durch manchen deutschen Forscher in die Ecke der Populärwissenschaft gedrängt wird, muss erwähnt werden, dass das von ihm geleitete und vom Land Baden-Württemberg mit Millionenbeträgen finanzierte Transferzentrum für Neurowissenschaften und Lernen (ZNL) im weltweiten Vergleich einmalig ist und sich auch mit medialen, wahrnehmungspsychologischen und pädagogischen Problematiken wissenschaftlich auseinandersetzt.

9   Bergmann und Hüther 2006.

10   Siehe: http://www.kfn.de/Publikationen/KFN-Forschungsberichte.htm (Zugriff: 17. 2. 2009).

11   Pfeiffer 2008. Vgl. http://www.nrhz.de/flyer/beitrag.php?id=13254 (Zugriff: 17. 2. 2009).

12   http://www.nrhz.de/flyer/beitrag.php?id=13254 (Zugriff: 17. 2. 2009).

nicht das Vertrauen der Bevölkerung in die Zunft der Medienpädagogen gefördert. Mit folgenden Worten beschrieb die Zeitung diese Art von Medienpädagogik:[13]

> Ihre »akzeptanzorientierte« Medienpädagogik versucht, die Ergebnisse der Wirkungsforschung zu verharmlosen, mit fragwürdigen Argumenten zu umgehen oder positive »Lerneffekte« zu konstruieren. Die Texte lesen sich oft wie Werbeschriften der Computerindustrie, die die Wissenschaftler eher als Lobbyisten der Games-Industrie erscheinen lassen.

Interessanterweise unterschrieben Ende 2008, als die Fachhochschule diese negativen Schlagzeilen machte, in Köln mehrere hundert Unterzeichner den sogenannten »Kölner Aufruf gegen Computergewalt«, darunter auch viele namhafte Wissenschaftler, Industrielle, Vereinsgründer etc. Killerspiele werden darin als »Landminen für die Seelen« und »aktives Kriegstraining« beschrieben. Es wurde unter anderem gefordert, dass die Bundeszentrale für politische Bildung »verharmlosende Schriften zurückzieht und gemäß ihrem Auftrag über den tatsächlichen Stand der Forschung informiert« und dass »Wissenschaftler ihre Finanzierung durch die Games-Industrie offenlegen«.[14]

In ähnlicher Weise wie auf der wissenschaftlichen bzw. populärwissenschaftlichen Ebene gibt es in der Medienlandschaft bzw. unter Medieninsidern selbst korrespondierende Entwicklungen, die eine Veränderung der Medienbewertung nahe legen. Jürgen Bertram, der langjährige Redakteur vom NDR, spricht im Falle des Fernsehens von solch einer radikalen Veränderung in den letzten 20 Jahren, wie es wohl in keiner anderen Institution in Deutschland seit ihrer Gründung der Fall gewesen ist.[15]

Am 11. Oktober 2008 verweigerte der Literaturkritiker Marcel Reich-Ranicki im ZDF vor einem Millionenpublikum überraschend den deutschen Fernsehpreis mit folgender Begründung:

> Ich kann das nicht annehmen und ich finde es auch schlimm, dass ich viele Stunden das erleben musste. Es gibt ja Abende, die man ganz schön erleben kann (...) man kann im ARTE-Programm manchmal sehr schöne, wichtige Sachen sehen. Ich habe auch früher häufig Wichtiges im 3Sat-Programm gesehen, aber das hat sich jetzt geändert, meist kommen da schwache Sachen, aber nicht den Blödsinn, den wir hier zu sehen bekommen haben (...)[16]

Am 21. März 2009, zehn Tage nach dem Amoklauf von Winnenden, erreichte wieder eine Forderung gegen mediale Inszenierung die Öffentlichkeit, diesmal als offener Brief der Opferfamilien. In diesem Aufruf wurde unter anderem weniger Gewalt im Fernsehen, Verbot von Killerspielen sowie mehr Jugendschutz im

---

13 Ebd.
14 http://www.nrhz.de/flyer/media/13254/Aufruf_gegen_Computergewalt.pdf (Zugriff: 11. 2. 2009).
15 Bertram 2006.
16 Verleihung des deutschen Fernsehpreises im Kölner Coloneum am 12. Oktober 2008, vgl. www.faz.net vom 13. 10. 2008.

Internet gefordert und die erfolgte Art von heroisierender Berichterstattung kritisiert.[17]

Diese Beispiele mögen genügen, um einige bekannte, empirisch fundierte wissenschaftliche Entwicklungen, aber auch Verschiebungen in der öffentlichen Meinung bezüglich der Medienwirksamkeit und vor allem der Kritik hinsichtlich der »akzeptanzorientierten« Medienpädagogik ins Bewusstsein zu bringen.[18]

Die Wurzeln und Auswirkungen der eigentlichen Problematik scheinen jedoch noch tiefer zu liegen und weitreichender zu sein. Obwohl die neuesten Statistiken über tägliche Mediennutzung darauf hinweisen, dass mit 583 Minuten pro Tag (dreizehn Minuten weniger als vor fünf Jahren) die Grenzen der Expansion des Medienzeitbudgets des Menschen erstmals spürbar sind,[19] kann man in Analogie dazu keinesfalls Grenzen des Verfalls im Werte- und Moralbereich sehen. Dennoch sind weder Verbote noch Verharmlosungsstrategien gegenwärtig angebracht, sondern eine interdisziplinäre Medienpädagogik der Aufklärung; eine Medienpädagogik, die es bewältigen soll, Inhalte mit übergeordneten Werten handlungsorientiert in Zusammenhang zu bringen.

2. Unterschwelliges Marketing mit religiösen Wirkmechanismen

Wie würden Eltern reagieren, wenn sie erfahren, dass ihr Kind durch religiöse Wirkungsmechanismen so weit manipuliert wurde, dass es bereit ist, als Selbstmordattentäter zu agieren? Schon der Gedanke, dass in der westlichen Welt mit religiösen Beeinflussungsstrategien operiert wird, wäre für Eltern wahrscheinlich unfassbar. Vermutlich würden Eltern – zumindest in ihrer ersten spontanen Reaktion – nicht weniger abwehrend reagieren, wenn sie die zum Teil erschreckenden Ergebnisse der

---

17 http://www.winnender-zeitung.de/indexWI.php?kat=347&artikel=82 (Zugriff: 6. 9. 2009).

18 Es gibt darüber hinaus sicherlich allein in Deutschland noch Hunderte weiterer Forschungshinweise, die auf bedenkliche negative Veränderungen in den Medieninhalten hinweisen. Es sei der interessierte Leser nur noch auf die Hinweise der Bundesprüfstelle für jugendgefährdende Medien (BPjM) verwiesen. In einem Interview mit Petra Meier (seit August 2004 stellvertretende Vorsitzende der BPjM) wird dezidiert von der Bundesprüfstelle darauf hingewiesen, dass Gewalt »immer deutlicher und detaillierter dargestellt wird« (Meier 2010, S. 32–36). Des Weiteren wird auch aus Sicht der BPjM mit Besorgnis beobachtet, dass sich der Trend, dass »die Gewalt immer detaillierter und drastischer dargestellt wird«, auch weiter fortsetzt. Meier kommentiert diesen Trend folgendermaßen: »Wenn Gewalt – übrigens in allen Medien – immer »normaler« wird, verschieben sich die Maßstäbe in den Köpfen der Gesellschaft, was noch akzeptiert ist und was nicht, ein Stück weit nach oben. Es gibt eine Art Gewaltspirale, die wir sehr kritisch sehen (ebd., S. 36). Bei dem Experiment Projekt 16 der FSK haben die Jugendlichen selbst zugegeben, Filme zu kennen, die ihnen Angst machen, die sie aber zum Teil sehr gerne schauen, um ihre Stärke zu beweisen (Berauer und Schwarnenweller 2009, S. 25; Fuchs 2009, S. 76).

19 Ridder und Engel 2010, S. 535.

Forschung zur Kenntnis nehmen würden.[20] Durch das Anlegen unterschiedlicher Kriterien verschiedener wissenschaftlicher Disziplinen konnte am Phänomen der Computer-Gewaltspiele dargestellt werden, dass Gewalt, Mord und Brutalität in vielen Spielen unter anderem durch religiös geartete sprachliche und bildliche Wirkungsmechanismen eine Verstärkung erfahren! Da dies unterschwellig geschieht und dem Spieler nicht bewusst ist, muss diese Beeinflussungsstrategie als genauso gefährlich eingestuft werden wie die offensive religiöse Indoktrination, die Selbstmordattentaten meist vorangeht.

In der Studie von 2007 standen die Bild- und Textinhalte unterschiedlicher Medienformate wie Film, Fernsehwerbung, Computerspiele und Zeitschriften im Mittelpunkt.[21] Die visuellen Reize wurden dabei nicht nur psychologisch und medienwissenschaftlich, sondern auch bild- und kunstwissenschaftlich ausgewertet. Erst durch das Anlegen von bild- und kunstwissenschaftlichen Deutungsmodellen wurde nachgewiesen, dass religiöse Wirkungsmechanismen beispielsweise in vielen Computergewaltspielen als Konditionierungsverstärker seitens der Entwickler beigemengt werden. Prinzipiell ist diese Methode aber nicht neu, denn man weiß, dass beispielsweise das Nazi-Regime ganz bewusst religiöse Wirkmechanismen benutzte, um die NS-Ideologie zu agitieren.[22]

Es ist erschreckend, wie intensiv und zielführend die Medienmacher gegenwärtig mithilfe dieser sehr spezifischen unterschwelligen Anwendung religiöser Wirkungsmechanismen wirken können, ohne dass sich die Konsumenten über diese Beeinflussungsmethoden im Klaren sind. Nach intensivem Auseinandersetzen mit diesem sehr speziellen Thema sah ich mich ebenfalls genötigt, mich auf die Seite derer zu stellen, die eindringlich auf den jetzigen Stand der Entwicklung hinweisen und dringlich Änderungen anmahnen.

All die genannten Beispiele und die Ergebnisse meiner Forschungen haben mich zu der Einsicht geführt, dass das Alarmieren allein in der heutigen Situation nicht mehr ausreicht. Es ist nicht genug, sachlich-inhaltlich beim Beweis stehen zu bleiben. Vielmehr ist es notwendig, Eltern, Erziehern, Lehrern, Sozialwissenschaftlern und allen kultur- und medienwissenschaftlich tätigen Personen einen theoretisch fundierten, praktisch durchführbaren und werteorientierten medienpädagogischen Ansatz zu entwerfen, der eine grundlegende ethische Orientierung ermöglicht. Dies kann aber nur interdisziplinär geschehen, indem sich Theoretiker und Praktiker zusammenfinden, um den Medienkonsumenten aufzuklären und Alternativen anzubieten. Allein dieser Ansatz könnte helfen, in der veränderten Mediensituation einen verantwortungsvollen Umgang mit den Medien zu lernen.

---

20 Godina 2007.
21 Ebd.
22 Vgl. Behrenbeck 1996a, 1996b.

Diesen Ansatz versuche ich, mit meinen Mitarbeitern im IKU-Institut Nürtingen-Ostfildern in der praktisch anwendbaren Form einer werteorientierten Medien-pädagogik im Sinne eines lebenslangen Lernens zu entwerfen. Zum besseren Ver-ständnis seien vorab theoretisch drei notwendige Perspektiven erörtert:

1. die Perspektive der Notwendigkeit der interdisziplinären Medienpädagogik,

2. die Perspektive der Medienwirtschaft und des Marketings,

3. die Perspektive des Menschenbildes in den Menschenrechten oder in den Religionen.

Erst durch diese Perspektiven wird man befähigt, einen reflektierten, werteorien-tierten Medienumgang vom Kindesalter bis ins Alter zu pflegen und die in den späteren Texten dargestellten werteorientierten Ansätze in ihrer Wertigkeit zu verstehen. Dabei soll es nicht darum gehen, die Medien zu verteufeln oder sie unkritisch zu konsumieren, sondern darum, die Inhalte nach ihrem Wertegehalt kritisch zu hinterfragen und anhand der eigenen Moralvorstellungen zu überprüfen, um sie in die Erziehung, die Bildung bzw. die Lebenswelt gewinnbringend zu inte-grieren.

3. Notwendigkeit des interdisziplinären Zugangs und der Integration[23]

3.1. Interdisziplinäre Ansätze – ohne Berücksichtigung der Medienproduktionsseite?

In den Untersuchungen zum subliminalen Marketing[24] wurde schon bald deutlich, dass man so komplexe mediale Phänomene, wie oben beispielhaft skizziert, nicht angemessen verstehen kann, ohne ihnen systemisch, interdisziplinär und multikausal zu begegnen. Der Ansatz, der in der Dissertation strukturiert wurde, bezieht neben der Konzentration auf den Medienrezipienten auch die vernachlässigte Medien-produktionsseite mit ein. Dieser doppelte Zugang, der im Rahmen der Disserta-tionsforschung entwickelt wurde, zählt in der gegenwärtigen Forschung eher zu den wenigen Ausnahmen.[25] In der medienpädagogischen Tradition würde man diesen

---

23 Dieser Abschnitt entstammt mit kleinen Ergänzungen, Kürzungen und Veränderungen der Disser-tation des Verfassers (Godina 2007, S. 408).

24 Unterschwelliges Marketing, also Strategien des Marketings, die der Konsument nicht bewusst wahr-nimmt (Godina 2007).

25 Küllertz 2010, S. 172.

Ansatz am ehesten als Fortführung der »integralen Medienpädagogik« verstehen,[26] wobei die Bereiche des Marketings bzw. der Medienproduktionsseite dort bisher wenig Beachtung erfahren haben und von daher durch den nun vorgelegten Aspekt ergänzt werden sollten.

Eine werteorientierte Medienpädagogik benötigt das Wissen verschiedener wissenschaftlicher Disziplinen, um Wertigkeiten überhaupt abwägen zu können. Gemäß der Forschung über komplexe Systeme wird bei komplexen Problemen logischerweise auch die »Komplexität der Anforderungen«[27] erheblich größer ausfallen. Dass viele Medienaspekte in ihrer Bewertung sehr komplex sind, wird wohl kaum jemand bezweifeln. Von daher kann man der wertebezogenen Fragestellung schwerlich ohne einen interdisziplinären Ansatz nahekommen. Im Falle einer interdisziplinären Vorgehensweise geht es aber nicht nur darum, unterschiedliche Disziplinen einzubeziehen, sondern auch darum, die Gewichtung ihrer Zuständigkeiten zu definieren. Es sollte dem pädagogisch interessierten Betrachter plausibel gemacht werden, dass zum Beispiel im Falle des jüngsten Phänomens, nämlich des Babyfernsehens,[28] den empirischen Erkenntnissen der Hirnforschung, Medizin und der empirischen Entwicklungspsychologie eine größere Gewichtung zugesprochen werden muss als den geisteswissenschaftlichen Positionen der Pädagogen. Wir müssen der Tatsache ins Auge sehen, dass zu medialen Auswirkungen im Babyalter bislang kaum empirisch-pädagogische Forschungen durch Bildungswissenschaftler durchgeführt wurden.

Andererseits ist beim Umgang mit der Frage der medialen Sozialisation von Kindern pädagogischen Erkenntnissen eines qualitativ-hermeneutischen Zugangs deutlich höhere Relevanz zuzumessen als empirischen Laborversuchen der Hirnforscher und Psychologen. Von daher wird man als Wissenschaftler aus dem einen oder anderen Bereich kaum die Frage ignorieren können, wo die Kernkompetenzen der Mediziner, Psychologen, Hirnforscher oder Bildungswissenschaftler im Hinblick auf die Medienpädagogik liegen.

Die Sensibilisierung für unterschiedliche wissenschaftstheoretische Grundpositionen und Methoden und deren Gewichtungen mit ihren Stärken und Grenzen muss in einer werteorientierten Medienpädagogik eine zentrale Stellung einnehmen. Dies gilt nicht nur für die Medienanalyse, sondern auch für die medienpädagogische Arbeit. Im praktischen Teil des vorliegenden Buches wird in der Arbeitsweise der Autoren deutlich, dass neben der pädagogischen Seite auch die Erkenntnisse der Ethik, der Sozialpädagogik, der Religionswissenschaft, der Entwicklungspsychologie

---

26 Schorb 2008, S. 75–77. Neben der Psychologie (Entwicklungspsychologie, Sozialpsychologie) wird auch die Bedeutung der Soziologe, Politologie, Jurisprudenz, Informatik und Hirnphysiologie herausgestellt.
27 Funke 2003, S. 126ff.
28 Gangloff 2006.

und der Hirnphysiologie in die Ansätze integriert werden müssen, um aussagefähige Resultate zu erreichen. Das Augenmerk ist dabei besonders auf die systemische Integration der Gesamterkenntnisse zu legen. Die Erkenntnisse der unterschiedlichen Disziplinen müssen an einer Stelle systemisch und wissenschaftstheoretisch sinnvoll integriert werden.[29] Damit dies qualifiziert geschehen kann, sollten möglichst drei Grundbedingungen erfüllt werden:

1. Der Medienpädagoge sollte selbst einen interdisziplinären Zugang finden. Meistens ist dies gewährleistet, wenn er in mehreren der integrierten Disziplinen ausgebildet ist.

2. Bei der Konzipierung sollte ein Team aus unterschiedlichen wissenschaftlichen Disziplinen und Handlungsfeldern integrativ arbeiten.

3. Durch Vorhandensein einer der ersten Punkte – im Idealfall beider – sollte eine allgemeine, wissenschaftlich begründete und interdisziplinäre wissenschaftliche Arbeit zu der sich neu formierenden Disziplin entstehen.[30]

3.2. Handlungsorientierte Medienpädagogik ohne Wertebestimmung

In der kritischen Medientheorie oder der handlungsorientierten Medienpädagogik wird der Prozess der Medienaneignung in seiner gesellschaftlichen Bedingtheit und manchmal in seiner Bedrohung transparent gemacht,[31] aber leider werden kaum Ansätze geliefert, die den Rezipienten helfen könnten, auf ein systematisiertes Wertesystem zurückgreifen zu können. Es fehlt zwar nicht an Begriffen aus dem ethischen oder sogar menschenrechtlichen Vokabular, aber diese sind weder für Rezipienten noch für Fachleute aus dem Bereich der Pädagogik für eine praktische

---

29 Es handelt sich hierbei nicht um ein eklektizistisches Modell, bei dem Erkenntnisse unterschiedlicher Wissensgebiete nach Gutdünken aneinandergereiht werden, sondern um eine systemischtheoretische wissenschaftstheoretische Begründung.

30 Dies wird beispielsweise seit einigen Jahren in dem komplexen Feld der Psychotherapie gefordert und auch hier und da praktiziert (Einsiedel, Singer, Schlitt, Schönefuß 1999). Im Bemühen einer wissenschaftlich sinnvollen Integration sehen manche Forscher aus dem humanwissenschaftlichen Gebiet sogar das Potenzial für Revolutionen bzw. Paradigmenwechsel. »Revolution durch Integration« lautete der Titel in der *Rhein-Neckar-Zeitung* (vom 7. 11. 2008, S. 29), in der ein Pionier der medizinischen Wechselwirkungsforschung (Ronald Grossarth-Maticek) für die systemische Integration einzelner monokausaler Forschungsergebnisse bzw. Disziplinen in ein integratives Gesamtmodell plädierte. Grossarth selbst hat durch solches Vorgehen ein Modell synergetischer Präventivmedizin geschaffen, an der, wie sogar einer seiner ehemaliger Kritiker nach gründlicher Prüfung feststellen muss, »niemand mehr vorbeigehen kann« (Vorwort von W. Wittmann bei Grossarth-Maticek 2008).

31 Schorb 2008, S. 75; Schicha 2008, S. 185.

Umsetzung wirklich hilfreich. In einem meiner Seminare zur Medienpädagogik wollte ich 2009 diese Feststellung noch einmal überprüfen lassen und hatte zwei Studentinnen gebeten, jeweils ein Standardwerk zur Medienpädagogik dahin gehend zu lesen, inwieweit praktische Hilfe im Sinne einer Werteorientierung in den Medienwelten, zum Beispiel durch ethische Wertesysteme oder Handlungsanleitungen, vorzufinden ist.[32] Für mich war wichtig, inwieweit angehende Sozialpädagoginnen in der medienpädagogischen Standardliteratur in ethischen Fragen anwendbare Hilfestellung bzw. Handlungsanleitung finden können. Nebenbei wollte ich meine eigene negative Erfahrung durch die Erfahrung angehender Sozialpädagoginnen kritisch hinterfragen. Die Bemühungen der Studentinnen auf der Suche nach einem ethischen Werte- und Handlungssystem waren aber kaum ertragreicher als meine eigenen. Die aktuelle Übersichtsliteratur zur Medienpädagogik hatte ihnen als angehenden Fachleuten keine praktisch anwendbare Hilfe in den ethischen Problematiken geliefert. In der Zusammenfassung ihrer Seminararbeit war Folgendes zu lesen:[33]

> Es gibt viele Ansätze, die den Rezipienten befähigen sollen, autonom und bewusst mit Medien umzugehen, jedoch wird hier nicht auf eine konkrete Handlungsanleitung eingegangen. Auch wird über ein gemeinsames, universell gültiges Wertesystem, auf das die Medienpädagogik zurückgreifen kann, nicht gesprochen.[34]

> Abschließend kann man sagen, dass in den vorgestellten Kapiteln leider keine tiefer gehenden Überlegungen zu der Problematik der ethisch wertvollen bzw. weniger wertvollen Inhalte in den Medien vorhanden sind. Es werden zwar immer wieder Begriffe eingeführt, die damit in Zusammenhang stehen, allerdings nur an der Oberfläche berührt. Oft wird gesagt, dass die Menschen befähigt werden sollen, den Medien kritisch zu begegnen und ihre eigenen Grenzen deutlich zu definieren, aber wo genau diese Grenzen sich befinden, bleibt unklar.[35]

Es gibt wenige Ausnahmen, die eine Wertebestimmung oder sogar anthropologische Bilder tiefer gehend reflektieren. In dem Werk *Homo medialis* [36] werden zwar anthropologische Grundsatzfragen bewusst in die Medienpädagogik einbezogen, aber weniger mit dem Resultat, eine normativ menschenrechtsbezogene und handlungsorientierte Medienpädagogik zu entwerfen. In manchen Gesetzen, wie zum Beispiel dem »Staatsvertrag über den Schutz der Menschenwürde und den Jugendschutz in Rundfunk und Telemedien« [37] oder im »Jugendschutzgesetz« (JuSchG), werden durchaus normative menschenrechtsbezogene Äußerungen ge-

---

32 Hüther und Schorb 2005; Sander, von Gross und Hugger 2008.
33 Unveröffentlichte Seminararbeiten von Jasmin Peka und Elena Hristova. Theologische Hochschule Friedensau. Februar 2010.
34 Zusammenfassung zu Sander, von Gross und Hugger 2008.
35 Siehe Hüther und Schorb 2005.
36 Pirner und Rath 2003.
37 Zum Beispiel in der Fassung des Zehnten Staatsvertrages, in Kraft seit 1. September 2008; vgl. Ring 2005.

liefert, hier aber leider ohne pädagogische Handlungsorientierung. Auch im unlängst erschienenen *Handbuch zur Medienethik* [38] zeigt sich dieser Grundansatz der Medienpädagogik nicht wesentlich verändert. Wie in anderen Grundlagenwerken ist es auch in diesem Handbuch nicht möglich, praktische Orientierung zu finden.

In einer handlungsorientierten, werteorientierten Medienpädagogik wird von daher die Ergänzung sowohl in der Medienproduktionsseite als auch in der ethisch-pädagogischen Wertebestimmung notwendig sein. Erst durch Einbeziehung dieser beiden Wissenskomponenten kann die medienpädagogische Reflexionsarbeit bei Kindern und Erwachsenen kompetent erfolgen.

4. Die Medienproduktionsseite im modernen Marketing[39]

Durch die starke Verbindung von Wirtschaft und Medien können wir heutzutage keine tragfähige Medienpädagogik entfalten, ohne einige Grundkenntnisse des Marketings zu besitzen. Schon bei Kindern und Jugendlichen, die wir in der Medienkompetenzbildung fördern wollen, ist es unbedingt notwendig, die wirtschaftlichen Hintergründe aufzudecken, da ansonsten das systemische Verständnis der Gründe für manche fragwürdigen Methoden der Medienmacher kaum zu wecken wäre. Ob die Wirtschaftsethik als »Erfolgsfaktor« im Sinne einer integrativen Wirtschaftsethik[40] eines Tages auch im Marketing und in den Medieninhalten selbst Umsetzung finden wird, bleibt abzuwarten.[41]

Das Marketing hat in den letzten Jahren verschiedene Prozesse durchlaufen, was zum Teil durch die Situation des Marktes bedingt ist. Die heute veränderten

---

38   Schicha und Brosda (2010) äußern sich zwar zum Thema der »übergreifenden Regeln, die einen universalistischen Anspruch erheben« oder »moralischen Überzeugungen von hoher Allgemeinheit« oder »Grundprinzipien« im Sinne eines »moralischen Framework« (S. 22) besitzen, aber ihr ethisches Modell bezieht keine »objektiven« Werte mit ein. Für sie gibt es keine Moral, »die zu entdecken wäre«, vielmehr bleiben auch sie im gängigen Paradigma einer relativen Moral stehen, die ausschließlich durch den »moralischen Standpunkt« ihre Begründung erfährt (ebd.). Der Aufbau des von ihnen herausgegebenen Werkes bestätigt seinen persönlichen Ansatz. Unterschiedliche (medien-)ethische Begründungen werden nebeneinander gestellt, ohne dabei den Versuch zu unternehmen, wenigstens ein minimales, übergeordnetes, objektiv werteorientiertes »Framework« zu entwickeln, das dem Rezipienten plausibel in Verbindung mit seinem moralischen Empfinden helfen könnte, ganz praktisch positive und negative Medieninhalte zu differenzieren.

39   Dieses Kapitel ist mit kleinen Ergänzungen und Änderungen der Dissertation des Verfassers (Godina 2007, S. 261–269) entnommen worden.

40   Seeler 2007.

41   Im Bereich der Wirtschaftsethik gibt es durchaus Bemühungen, dass in Hochschulen Fächer wie »Unternehmensethik« als Pflichtfach aufgenommen werden oder ermutigende Beispiele, wie die Neugründung der zwischenstaatlichen deutsch-armenischen Universität (DUA), die ganz gezielt Wirtschafts- und Verwaltungswissenschaften eng mit der Wirtschaftsethik zielgerichtet verflechten soll (Schönherr und Sigg 2007).

Medieninhalte haben nicht nur mit dem Willen der Medienmacher zu tun (vgl. zum Beispiel die Agenda-Setting-Theorie), sondern mit harten Fakten, die der Markt bestimmt, denn auch die Medieninhalte unterliegen heute den Gesetzen des freien Marktes. Viele der derzeitigen Medieninhalte haben weniger mit Kultur oder gar Ethik und Humanität zu tun, sondern mit Gewinnmaximierung. Der Markt – um zu bestehen – muss das anbieten, was sich am besten verkauft. Um den Verkauf bzw. Umsatz zu maximieren, muss man den Markt und das Kundenverhalten verstehen. Diese wirtschaftlichen Faktoren haben sich in den letzten Jahrzehnten stark verändert.

4.1. Vom Marketing zum modernen Marketing

Das Marketing hat in der Zeit seines Bestehens verschiedene Phasen durchlaufen.[42] Dabei wandelte sich mit der Zeit nicht nur seine Bedeutung, sondern auch die Denkhaltung im Marketing.[43] Im Lehrbuch zum Marketing von Heribert Meffert werden vier Entwicklungsphasen des Marketings herausgestellt, die eine Entwicklung von der Produktorientierung zur kundenorientierten Strategie aufweisen:[44]

1. Phase der Produktionsorientierung,

2. Phase der Verkaufsorientierung,

3. Phase der Kunden- bzw. Marketingorientierung und

4. Phase des strategischen Marketings.

Manfred Bruhn spricht hingegen von sechs Phasen, die Mitte des letzten Jahrhunderts begannen und die er in Dekaden weiterführt:[45]

1. Phase der Produktionsorientierung (1950er Jahre),

2. Phase der Verkaufsorientierung (1960er Jahre),

3. Phase der Marktorientierung (1970er Jahre),

4. Phase der Wettbewerbsorientierung (1980er Jahre),

5. Phase der Umfeldorientierung (1990er Jahre),

6. Phase der Netzwerkorientierung (ab 2000).

---

42 Vgl. Bruhn 2004; Meffert 2000; Becker 2001.
43 Bruhn 2004, S. 15; vgl. Weis 2007, S. 19ff.
44 Meffert 2000, S. 29.
45 Bruhn 2004, S. 15.

Die Entwicklungsstufen nach Bruhn zeigen ebenfalls eine Produktionsentwicklung, betonen aber in den späteren Phasen stärker die Tatsache der immer schnelleren Veränderungen, Vielschichtigkeiten und Vernetzungen auf den modernen Märkten.[46] Auch wenn Bruhn in seinem Phasenmodell den Kunden und dessen Bedürfnisse nicht ausdrücklich herausstellt, sieht er es als ebenso unumstritten an, dass im modernen Marketing die »Bedürfnisse der Nachfrager im Zentrum der Unternehmensführung stehen«.[47] Nach Nieschlag, Dichtl und Hörschgen ist die Ausrichtung »aller unternehmerischen Aktivitäten an den aktuellen und potentiellen Bedürfnissen« der Kunden die »Geburtsstunde der klassischen Marketingkonzeption«.[48] In dieser entscheidenden Entwicklung von der reinen Produktion zu einem gesättigten und immer komplexeren Markt bis hin zu den Bedürfnissen seiner Kunden haben sich verschiedene moderne Grundkonzepte und Methoden entwickelt, die unter Begriffen wie »CRM«,[49] »Vier P's«,[50] »Marketingmix«,[51] »USP«,[52] »Public Relation«[53], »Custumer Value«[54] und viele andere mehr in der Literatur Verwendung finden, auf die hier nicht näher eingegangen werden kann. Die Vielfalt der meist aus dem Angloamerikanischen stammenden und durchaus human klingenden Begrifflichkeiten sollte jedoch nicht dazu verleiten, das Absatzprinzip als das dahinterstehende Grundkonzept zu übersehen.

---

46   Ebd., S. 17–18; vgl. Meffert 2000, S. 29–30.
47   Bruhn 2004, 13.
48   Nieschlag, Dichtl und Hörschgen 2002, S. 4; vgl. Kotler, Armstrong, Saunders und Wong 2003; Bruhn und Homburg 2004, S. 729.
49   Das Customer Relationship Management (CRM) entspringt einer Realität stagnierender Märkte und damit einhergehendem »Verdrängungswettbewerb«, der den Kunden zunehmend in den Vordergrund der Betrachtung rückt. »CRM ist die Betrachtung von Kunden als Vermögenswerte, die gemanagt werden müssen« (Götz, Hoyer, Krafft und Reinartz 2005).
50   Produkt (Produktpolitik), Price (Preispolitik), Promotion (Kommunikationspolitik), Place (Vertriebspolitik).
51   Integration der Gesamtheit der Marketingmaßnahmen, wie zum Beispiel »Vier P's« und andere, in eine Gesamtstrategie.
52   Unique Selling Proposition. Dabei handelt es sich um jene Eigenschaften eines Produkts, die einen Unterschied zu den Produkten der Konkurrenz verschaffen und von daher in der Verkaufsargumentation zentral stehen sollen.
53   Es geht dabei um den Ausbau der Kommunikation zwischen Arbeitgeber, Auftraggeber oder einer Organisation und der speziellen Zielgruppe.
54   Die Bedürfnisse und Wünsche des Kunden bilden den Ausgangspunkt aller Ausrichtungen. »Die Kundenwahrnehmung sowie deren Konfiguration sind dabei das zentrale Kriterium, inwieweit es Unternehmen gelingt, mit ihren Leistungen Customer Value – also Wert für die Kunden aus Sicht der Kunden – zu generieren.« (http://www.unisg.ch/org/ivw/web.nsf/wwwPubInhalteGer/Customer%20Value?opendocument. Zugriff: 5. 3. 2007).

4.2. *Absatz als oberstes Prinzip des Marketings und das Problem des Menschenbildes*

Es hört sich sehr human, ethisch und menschenwürdig an, wenn man im modernen Marketing vom »Primat des Kunden«, von »Bedürfnissen« oder gar von einem »Beziehungsmarketing« (CRM – Customer Relationship Management) spricht. Bei diesen positiven Begriffen handelt es sich aber nicht um grundlegende ethische Werte oder Ziele, sondern um Zweckmechanismen, um bei den heutigen marktpolitischen Gegebenheiten überhaupt den gewünschten Erfolg zu erzielen. Die Zielerreichung bzw. der eigentliche Erfolg wird am Absatz gemessen, sofern er sich langfristig einstellen kann.[55] Das Ziel, »profitable Kunden« langfristig an das Unternehmen zu binden, wird unter stärkerer Einbeziehung aller Gestaltungsbereiche, auch mit Unterstützung des Top-Managements und unter Berücksichtigung der Mitarbeiterbedürfnisse, angestrebt, wie die Ergebnisse der Metaanalyse von Beck und Ivens[56] verdeutlichen. Die Absatzpolitik wird dabei nach wie vor als zentraler Punkt der Unternehmenspolitik gewertet (Abb. 1).[57]

Die Beziehung zwischen dem Markt und dem Unternehmen werden im Wertekreislauf von Leistungsstrom (Güter und Dienste) und Geldstrom ersichtlich.[58] Vor etwas mehr als zwei Jahrzehnten stellte sich die Absatzpolitik immer mehr unter das »Primat des Marktes«.[59] Auch wenn die Befriedigung vorhandener und latenter Bedürfnisse schon immer eine unternehmerische Leistung war, haben sich in den letzten Jahrzehnten die Bedingungen des Marktes und die Art und Weise, wie man versucht, diesen gerecht zu werden, deutlich verändert.[60] Es geht dabei offensichtlich nicht um ein dahinterstehendes humanistisches Menschenbild, sondern um die wirtschaftlichen Ziele.

---

55 Im Beziehungsmarketing werden beispielsweise Bonusprogramme instrumentalisiert, um den Kunden zu binden. Es wird heutzutage sehr differenziert darauf geachtet, dass solche Programme zwar »zusätzliche Gewinne abwerfen können, jedoch keine ›Selbstläufer‹ sind, sondern ein kundenwertspezifisches Marketing benötigen« (Müller 2006).
56 Beck und Ivens 2006; vgl. http://www.marketing.wiso.uni-erlangen.de/showdoc.php?file=diss-40.pdf (Zugriff: 1. 3. 2007).
57 Vgl. Meffert 2000, S. 23ff.
58 Ebd., S. 25.
59 Zollondz 2005, S. 14–17. In der Medienlandschaft spricht man von einem Strukturwandel im Sinne der Ökonomisierung (Heinrich 2006); in den Medienwissenschaften sogar von einer »Spirale der Ökonomisierung« (Altmeppen 2001).
60 Meffert 2000, S. 29.

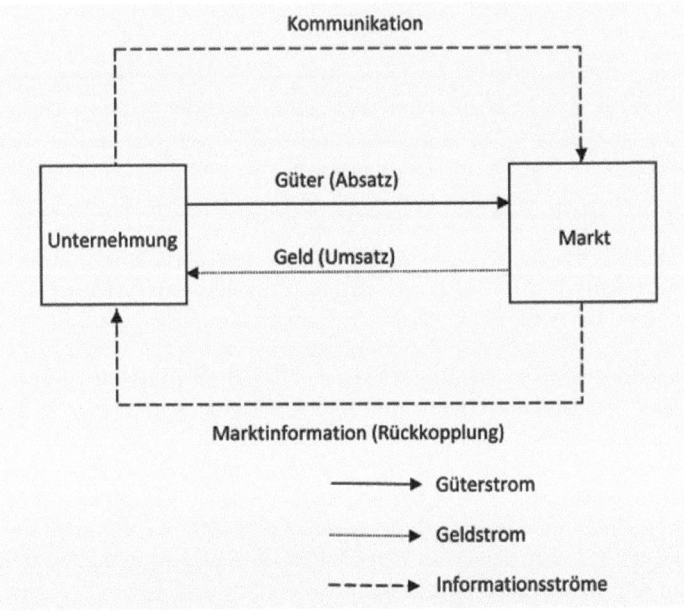

Abb. 1. Absatzmarktmodell nach Meffert [61]

Nieschlag, Dichtl und Hörschgen[62] sprechen ausführlich über die elementare Konzentration auf die Bedürfnisse und Belange der Verbraucher, fügen jedoch ernüchternd hinzu:

> Man sollte indessen nicht vergessen, daß Menschen in ihrem Arbeits- oder Verbrauchsalltag auch andere als ökonomische Bedürfnisse empfinden und die Anbieter auf den verschiedenen Stufen des Wertschöpfungsprozesses zu allererst eigene Ziele verfolgen, die denen der jeweiligen Kontrahenten durchaus zuwiderlaufen können.

Die Autoren weisen auch darauf hin, dass eben die oben beschriebene Entwicklung eines zunehmenden Güterangebots zur Folge hatte, dass man die Kundenorientierung in den Mittelpunkt rücken musste.[63] In diesem Zusammenhang soll eine weitere Definition von Bruhn für den Begriff Marketing genannt werden:[64]

---

61 Ebd., S. 24.
62 Nieschlag, Dichtl und Hörschgen 2002, S. 35f.
63 Ebd., S. 4.
64 Bruhn 2004, S. 14. Das Ziel der Kundenorientierung, was seine Bedürfnisse angeht, ist, diese vor allem in Belange und Nachfrage umzuwandeln (vgl. Zollondz 2005, S. 11f.).

Marketing ist eine unternehmerische Denkhaltung. Sie konkretisiert sich in der Analyse, Planung, Umsetzung und Kontrolle sämtlicher interner und externer Unternehmensaktivitäten, die durch eine Ausrichtung der Unternehmensleistungen am Kundennutzen im Sinne einer konsequenten Kundenorientierung darauf abzielen, absatzmarktorientierte Unternehmensziele zu erreichen.

Dies wird in den spezifischen Standardwerken zum Marketing deutlich, in denen es darum geht, das Käuferverhalten zu beeinflussen. Im Standardwerk *Käuferverhalten* äußerte Axel Bänsch schon im Vorwort zur 1. Auflage im Jahr 1983, dass es die »Markterfolge« sind, die die »Anpassungen an das Verhalten der Käufer und / oder Beeinflussung des Käuferverhaltens« voraussetzen.[65] Das reaktive oder aktive Eingreifen der Unternehmer in das Marketing bedarf dazu »umfassender gründlicher Kenntnisse zum gegebenen Verhalten der Käufer und zu den Verhaltensdispositionen der Käufer«.[66] Wenn diese Informationen über die Menschen fehlen, werden die Marketingeinsätze wirkungslos, »verpuffen« oder können sogar Schaden anrichten, weil sie beim Käufer »Negativreaktionen auslösen und damit die Absatzsituation eines Unternehmens (eventuell auch nachhaltig) verschlechtern«.[67] Die Konsumentenforschung[68] – die sich nicht in jedem Fall dem kommerziellen Marketing verpflichtet hat, obwohl sie doch aus diesem hervorgegangen ist – kann in ähnlicher Weise eventuelle Unklarheiten hinsichtlich der Beziehung zwischen Bedürfnisorientierung der Konsumenten und der dahinterstehenden grundlegenden Motivation beseitigen. Kroeber-Riel und Weinberg weisen darauf hin, dass die Erkenntnisse der Konsumentenforschung zu unterschiedlichen Zwecken ausgewertet werden können. Man kann diese Erkenntnisse gleichermaßen nutzen, um die Konsumenten entweder »wirksamer zu beeinflussen oder die Konsumenten besser gegen Beeinflussung zu schützen«.[69] Das Absatzprinzip, vom dem das moderne Marketing maßgeblich geprägt und deshalb in den letzten Jahren auf eine konsequente Kundenorientierung ausgerichtet ist, bildet jedoch ein Menschenbild ab, das nicht nur Zweck zum Ziel, sondern auch Selbstzweck ist. Der Mensch ist ein Wesen, das nach einem gewissen Lebensstandard strebt. Auch wenn für den Menschen hinter dem Produkt der praktische Nutzen steht,[70] werden tatsächlich auch menschliche Bedürfnisse durch Produkte angesprochen und befriedigt.[71] Kotler, Armstrong, Saunders und Wong führen in ihrem Werk *Grundlagen des Marketing* nach einer umfangreichen Aufzählung heutiger materieller Konsumgüter

---

65 Bänsch 1998, Vorwort zur 1. Auflage.
66 Ebd., Einführung.
67 Ebd.
68 Kroeber-Riel und Weinberg 1999, S. 3f.
69 Ebd.
70 Nieschlag, Dichtl und Hörschgen 2002, S. 4; Kotler, Armstrong, Saunders und Wong 2003, 42.
71 Ebd., S. 40–42.

(von »Danone« über »MTV« bis hin zu »Ikea«) mit fast heilsbringendem Pathos das Gesagte zum Höhepunkt:[72]

> Das freiwillige Zusammenwirken aller Unternehmen, unsere international verflochtene Markt-wirtschaft, hat dies alles möglich gemacht. Wir brauchen nicht viel dazu tun. Die auf dem Marketing beruhende Markwirtschaft hat uns zu einem Lebensstandard verholfen, von dem unsere Großväter nicht einmal zu träumen gewagt hätten.

Der Begriff des Kundenwertes kann das bisher Gesagte nur verstärken. Das Kundenmanagement des modernen Marketings hat sich am Kundenwert auszu-richten.[73] Nach Bauer, Stockburger und Hammerschmidt[74] ist keine »Kundenorien-tierung um jeden Preis« zu betreiben, sie wird vielmehr durch den abzuschöpfenden Kundenwert bestimmt. Der Kundenwert wird letztendlich nur durch monetäre direkte oder indirekte Zahlungsströme gemessen werden können.[75] Beziehungs-marketing ist dabei das »strategische Grundkonzept des wertorientierten Kunden-managements«.[76]

Mithilfe aller verfügbaren Kenntnisse und Mittel der Verhaltenswissenschaften wird versucht, den Kunden gründlich zu erforschen, um sogar das »Verkaufen über-flüssig zu machen«.[77] Damit man dieses Ziel erreicht, ist es jedoch nach den wissenschaftlichen Erkenntnissen notwendig, eine Wertehierarchie im Menschen zu postulieren und zu fördern, die sich an den Produkten des Konsums als höchstes menschliches Gut orientiert.

Diese absatzorientierten Marketingstrategien inklusive ihrer Grundlagenforschun-gen sind schon längst Teil unseres täglichen Medienkonsums geworden, ohne dass die meisten Konsumenten wissen, was für ein enormer und ausgeklügelter Apparat sich hinter ihrem Medienkonsum verbirgt. Neueste Studien zu Fernsehproduktio-nen zeigen eindringlich, wie weit marketingstrategische Konzeptionen das schon bestehende Tagesprogramm im Fernsehen marketingstrategisch kontrollieren. Seit ungefähr zehn Jahren vollzieht sich weltweit beispielsweise ein rapider Anstieg an formatiertem Fernsehen,[78] in dem erfolgreiche internationale Formate lokal auf dem

---

72 Ebd., Einleitung.
73 Bauer, Stockburger und Hammerschmidt 2006, 47.
74 Ebd., S. 47.
75 Ebd., S. 47 ff.
76 Ebd., S. 58 ff.
77 So der bekannte Betriebswirt Peter Drucker, zitiert in Kotler, Armstrong, Saunders und Wong 2003, S. 38.
78 Internationale Quotenerfolge, wie zum Beispiel »Who Wants to Be a Millionaire?« oder »Big Brother« oder »Supernanny« oder »DSDS« oder »Schlag den Raab«, werden mit kleinen Verände-rungen in andere Länder adaptiert, mit der Erfahrung, dass sie oftmals vergleichbaren Erfolg haben. Manche Formatriesen wie Enemol haben inzwischen Rechte an über 2000 Programmen mit einer Sendedauer von 21.000 Stunden. Inzwischen versuchen sogar schon manche Hollywood-Studios, in den Formathandel mit einzusteigen (vgl. Esser 2010).

nationalen Fernsehmarkt gehandelt werden.[79] Anhand stagnierender Werbeeinnahmen, sinkender Programmverkäufe und steigender Produktionskosten bietet formatiertes Fernsehen Potenzial zur Minimierung des Risikos.[80] Das ganze Formatfernsehen beruht auf einer hoch differenzierten Marketingstrategie.

Der Medienökonom Jürgen Heinrich sieht aus den Folgen des Strukturwandels, der in seiner zunehmenden Ökonomisierung auch die Medienlandschaft durchdrungen hat, einen Ausweg in Form der Stärkung von Medienkompetenz.[81] Die Medienpädagogin Meister unterstützt diesen Gedanken, indem sie hinsichtlich der Werbung meint, dass es für Kinder auf dem Weg zur Medien- und Werbekompetenz wichtig sei, »auch die Interessenhintergründe von Werbung« berücksichtigen zu können.[82]

4.3. Verhaltenswissenschaften und Kundenbedürfnisse

Der gläserne Kunde ist Wunschtraum aller Werber und Horrorvorstellung der Datenschützer (Manager-Magazin).[83]

In der Literatur zum Marketing wird oft auch ein tiefer gehender Einblick in die Verhaltenswissenschaften gegeben, wodurch man die Bedürfnisse und das Verhalten des Käufers bzw. Konsumenten besser verstehen lernen kann. Nieschlag, Dichtl und Hörschgen beschreiben sehr aufklärend den sich dahinter verbergenden Zweck:[84]

Auch als Konsumenten haben Menschen ihre zwar liebenswerten, doch zugleich oft unerforschbaren Eigenarten und Launen, Vorlieben und Abneigungen, Stärken und Schwächen. Gleichzeitig sind sie zuweilen leicht durchschaubar und bis zu einem gewissen Grade manipulierbar. Beide Aspekte machen die Beschäftigung mit dem Konsumentenverhalten zum Dreh- und Angelpunkt aller produkt- und programmpolitischen Überlegungen.

Um diese Aussage zu unterstreichen, verweisen die Autoren kurz nach dem eben genannten Zitat auf verschiedene Werke über Käufer- und Konsumentenverhalten hin.[85] Großes Augenmerk wird auf »aktivierende psychische Prozesse« gerichtet.[86]

---

79 Ebd., S. 502 ff.
80 Vgl. ebd.
81 Heinrich 2006.
82 Zitiert in Stadik 2002.
83 Artikel von Markus Giesler vom 25. 1. 2005, http://www.manager-magazin.de/it/artikel/0,2828,
    338448,00.html (Zugriff: 5. 3. 2007).
84 Vgl. Nieschlag, Dichtl und Hörschgen 2002, S. 590.
85 Ebd.
86 Diese werden eingeteilt in (1.) primär aktivierende Prozesse (Emotionen, Motive, Einstellungen) und
    (2.) primär kognitive Prozesse (Aufnahme, Verarbeitung, Speicherung von Informationen); siehe
    Weinberg und Diehl 2005; vgl. Kroeber-Riel und Weinberg 2003, S. 49 ff.

Hierbei geht es darum, die menschlichen Antriebskräfte zu verstehen, die sich durch Emotionen, Motivationen und Einstellungen bilden.[87]
In den letzten 20 Jahren sind größere Erkenntnissprünge im Bereich des emotionalen (limbischen) Systems erfolgt, die bereits heute im Marketing Anwendung finden, mit in Zukunft steigender Tendenz. Immer mehr Werbegruppen setzen auf die Erkenntnisse des Neuromarketings,[88] um effizientere Reklame, Computerspiele oder Filme zu konzipieren. Die Neurowissenschaften sollen helfen, das Verständnis der unbewussten Vorgänge zu vertiefen und die Funktionsweise des limbischen Systems stärker in das Marketing einzubeziehen.[89] Erstrebenwert scheint es gegenwärtig, eine »Kartografie des Gehirns« zu erstellen, um die Informationsverarbeitung verschiedener Modalitäten (Bilder, Sprache, Schrift) effektiver für das erwünschte Verhalten nutzbar zu machen.[90] Zunehmend beschäftigen sich auch interdisziplinäre Teams mit der Schnittstelle zwischen neurowissenschaftlichen und ökonomischen Fragestellungen.[91]
Einige Aspekte über Gehirnfunktionen gehören zum Basiswissen der Konsumforscher und Marketingexperten, aber ebenso werden wahrnehmungs- oder gestaltpsychologische Erkenntnisse[92] und Konzepte unbewusster Motivationen im Sinne Freuds in der Literatur zum Marketing erwähnt.[93]
Innerhalb der letzten Jahre entwickelten sich auch ganz spezielle Forschungszweige, wie zum Beispiel »Imagery Processing« bzw. die »Imagery-Forschung«, die der Kommunikationsforschung entsprangen und sich mittlerweile zu einer umfang-

---

87 Kroeber-Riel und Weinberg 1999, S. 53–167; Bänsch 1998, S. 11 ff.; Helm 2003, S. 162 ff.
88 Übersicht bei Gleich 2010.
89 Vgl. www.neuroeconomics.de (Zugriff: 28. 2. 2007); Scheier 2006; Kenning, Deppe, Schwindt, Kugel und Plassmann 2005; »Die Erfindung der Neuroökonomie« (*Die Welt,* 7. 12. 2005); »Konsumforschung. / Direkter Weg in den Kopf. / Was uns zum Kaufen reizt« (*Wirtschaftswoche* Nr. 36, 26. 8. 2004, S. 84). Im Jahre 2004 wurde in München die Association for NeuroPsychoEconomics, unterstützt von einem hervorragenden Herausgeberbeirat, gegründet. Das Ziel dabei war, Wissenschaftler und Praktiker aus den Gebieten der Wirtschaftswissenschaften, der Psychologie und der Neurowissenschaften zusammenzuführen (vgl. http://www.neuropsychoeconomics.org/d_association. html (Zugriff: 1. 3. 2007). Eine eher kritische Position aus der Marketingforschung ist bei Giesler (2005) zu vernehmen.
90 Weinberg und Diehl (2005) führen mehrere neuere neurophysiologische Projekte auf, die z. B. Überblick über verschiedene hirndiagnostische Verfahren liefern, vor allem zur Medienwirkung (Mangold 1999), oder neurophysiologische Studien zum Einfluss von Markenwissen (McClure und Li et al. 2004) oder Studien zur Entlastung des Gehirns durch starke Marken (Kenning, Deppe, Schwindt, Kugel und Plassmann 2005).
91 Weinberg und Diehl (2005) erwähnen zum Beispiel das Forschungsteam der Universität Münster.
92 Kroeber-Riel und Weinberg 1999, Bänsch 1998; Nieschlag, Dichtl und Hörschgen 2002.
93 Kotler, Armstrong, Saunders und Wong 2003, S. 315. Bei Bänsch 1998 liest man unter polythematischen Motivtheorien im Gegensatz zu der monothematischen Motivtheorie Freuds, dass Forscher unter Leitung von L. L. Bernard versucht haben, bis zu 5.684 Grundtriebe des Menschen zu identifizieren (Bänsch zitiert aus dem Werk von Wiswede 1973, S. 70).

reichen Tradition in der Werbewirkforschung entwickelt haben.[94] Nach Kroeber-Riel und Weinberg speist sich die Verhaltenswissenschaft aus den Erkenntnissen der Psychologie, Soziologie, Sozialpsychologie, vergleichender Verhaltensforschung (Verhaltensbiologie) und den physiologischen Verhaltenswissenschaften.[95] Nach all dem bisher Gesagten darf es deshalb nicht erstaunen, dass zur Beeinflussung des Konsumentenverhaltens und somit auch des Medienkonsums ein umfassendes Wissen aus diesen Wissenschaften im Marketing vorausgesetzt wird. Die Ausführungen zum modernen Marketing ergänzen die medienwissenschaftlichen Erkenntnisse zur Inhalts- oder Wirkungsforschung dahin gehend, dass vor allem Kinder und Jugendliche in einer stark umkämpften Marktsituation bezüglich des absatzorientierten Diktats aufgeklärt werden müssen. Kindern und Jugendlichen muss altersgerecht verdeutlicht werden, dass die Produzenten der Medienindustrie vor allem durch die Absatzforderung im Marktsystem im gewissen Sinne gezwungen sind, ihre Prioritäten und Strategien diesen rein wirtschaftlichen Aspekten und nicht dem Wohl des Menschen unterzuordnen.

Folglich sollten wir die aussichtsreiche Chance, aus den Erkenntnissen des Marketings, in Verbindung mit einem tragfähigen Menschenbild, eine werteorientierte Medienpädagogik entfalten zu können, verantwortungsvoll nutzen.

5. Werteorientierung an den Menschenrechten

5.1. Medienpädagogische Lücken: Werteorientierung durch ein Menschenbild

Der Ruf nach der Notwendigkeit eines Menschenbildes in der Medienpädagogik ist nicht neu. Dieter Baake formulierte im Grundlagenwerk zur Medienpädagogik, dass es keinen Zweifel daran gebe, dass die »Medienpädagogik ohne ein Menschenbild nicht auskommt«.[96] Hartmut Heuermann und Matthias Kuzina bemängelten das Fehlen der »kritischen Sonde der Humanität«[97] in der medienwissenschaftlichen Forschung. Wie bereits verdeutlicht wurde, ist auch in neuester medienpädagogischer Übersichtsliteratur kein systematischer Versuch unternommen worden, ein

---

94 Gierl und Reich 2005. Beim »Imagery-Processing« handelt es sich um Prozesse, in denen den Konsumenten solche Informationen geboten werden, die durch die Quantität, Klarheit, Stärke und Valenz der Stimuli erinnerte Gedächtnisreize und mentale Bilder zu aktivieren vermögen. Mit anderen Worten werden durch externe Reize innere Bilder aus dem Langzeitgedächtnis aktiviert, durch die »diverse sensorische Eindrücke (Bilder und andere sinnliche Eindrücke) erinnert werden«, die aber in ähnlicher Richtung wie die externen Reize verlaufen. Wenn dieser Prozess gelingt, kann durch die mit der Werbung im Konsumenten aufgerufenen inneren Bilder eine hohe Elaboration mit dem Produkt erfahren werden (vgl. ebd.).
95 Kroeber-Riel und Weinberg 1999, S. 9.
96 Baake 1997, S. 44.
97 Heuermann 1995, S. 11f.

Menschenbild bzw. eine Wertediskussion in die Medienpädagogik zu integrieren. Es gibt wenige Ausnahmen, die sich überhaupt mit dem Thema des Menschenbildes in den Medien befassen.[98] Hier und da finden sich Versuche, ein Menschenbild zumindest in die aktuelle Mediendiskussion einzubringen. Der neueste »Kölner Aufruf gegen Computergewalt«[99] scheint sehr stark von einem positiven – wenn auch kaum explizit systematisierten – Menschenbild geprägt zu sein.[100] Nach dem traurigen Vorfall des Amoklaufs in Winnenden hat Ex-Bundespräsident Horst Köhler in seiner Traueransprache mit den Begriffen »Selbstachtung« und »Menschenbild« dieses Thema angesprochen:[101]

> Zur Selbstachtung gehört es, dass man »Nein« sagt zu Dingen, die man für schlecht hält – auch wenn sie nicht verboten sind. Die meisten von uns haben ein Gespür für Gut und Böse. Also handeln wir auch danach! Helfen wir denjenigen, die sich in medialen Scheinwelten verfangen haben und aus eigener Kraft nicht mehr zurückfinden. Helfen wir auch Eltern, denen ihre Kinder zu entgleiten drohen.
> Und schauen wir auch genau hin, welche Bilder wir uns von unseren Mitmenschen machen, welche Menschenbilder wir in unserer Umgebung akzeptieren und von welchen wir uns selbst beeinflussen lassen: Welche Erwartungen haben wir an andere?

Dies war ein gewichtiger, nicht nur gut gemeinter Ratschlag an die Bevölkerung und eine moralphilosophische Forderung des Ex-Bundespräsidenten, der man aber bisher vor allem in der medienpädagogischen Elite in Deutschland kaum nachgekommen ist.

Wenn wir auf die jüngste Weltfinanzkrise schauen, sehen wir, dass auch hier eine fehlende Ethikdiskussion bzw. ein damit verbundenes Menschenbild für die Problematik mitverantwortlich zu sein scheint.[102] Die Gier in der Finanzwelt hat dazu geführt, dass es keine rechtzeitige Kursänderung mehr geben konnte. In der Medienwelt könnte es möglicherweise vergleichbar zu einem größeren Crash kommen, hier jedoch mit Folgen in den Gehirnen einer ganzen Generation, die weitaus schwieriger zu beheben sein werden. Es ist an der Zeit, systematisch eine werteorientierte Medienpädagogik zu entfalten, die imstande ist, subjektiv und freiwillig anerkannte moralische Orientierungen mit dem Rechtssystem in Beziehung

---

98 Pirner und Rath 2003.

99 http://www.nrhz.de/flyer/media/13254/Aufruf_gegen_Computergewalt.pdf (Zugriff: 11. 2. 2009).

100 Vgl. ebd. Oftmals sind es gerade die Kritiker, die nach Meinung von Heuermann und Kuzina (1995, S. 12) neben aller Problematik ihrer Ansätze tatsächlich ein Menschenbild vertreten.

101 http://www.bundespraesident.de/-,2.653214/Rede-von-Bundespraesident-Horst Köhler.htm, (Zugriff: 31. 3. 2009).

102 *Der Spiegel* Nr. 40 vom 29. 9. 2008 trug auf seinem Titelblatt die Überschrift: »Der Preis der Überheblichkeit«.

zu setzen.[103] Wenn dieses medienpädagogische Ziel umgesetzt werden soll, müssen wir bestrebt sein,

1. die ethischen Orientierungsnormen auf universeller Ebene zu suchen (ethische Universalebene),

2. diese mit den Menschenrechten zu verbinden (rechtliche Universalebene),

3. pädagogische Wege zu suchen, wie man diese beiden nicht nur miteinander in eine sinnvolle Beziehung bringt, sondern wie man sie mit eigenem moralischem Inventar intrinsisch motiviert begründet.

5.2. Menschenrechte als universelles Referenzsystem

> Noch wiegen wir uns in dem Glauben zu wissen, an welche Instanz wir appellieren müssen, damit die Probleme der öffentlichen Wohlfahrt endlich angepackt werden (Ulrich Beck).[104]

Als ich während meiner Dissertationsforschung immer mehr die Tragweite der unterschwelligen Beeinflussung durch Medien erkannt hatte, stellte sich mir die Frage, an welche Instanz man sich mit der Problematik wenden könnte. Da die meisten Werbe- und Filmformate, Zeitschriften und Computerspiele nicht nur in einzelnen Ländern vertrieben werden, stehen kaum die nationalen Institutionen in der Verantwortung. Vor allem dann nicht, wenn man die Methoden der Industrie kritisch hinterfragen will. Durch die Thesen von Volker Lenhart erkannte ich eine tragfähigere Instanz.[105]

Die einzige Lösungsmöglichkeit bietet die Referenz der Menschenrechte bzw. der Kinderrechtskonventionen. Wie bereits in der Studie in Bezug auf Medienmissbrauch hervorgehoben wurde, ist in den Menschenrechten nicht nur von körperlichen Verletzungen bzw. vom körperlich-physischen Wohlbefinden und Schutz eines Menschen die Rede, sondern auch von seelischen, geistigen, sittlichen Aspekten und dem Schutz seiner sozialen Entwicklung. Nach den Menschenrechten sind all diese Entitäten des Menschen schützenswert, auch wenn wir uns bisher in der Praxis weniger auf seelische, geistige und sittliche Aspekte konzentriert haben.[106]

Man könnte sicherlich einwenden, dass es dennoch besser wäre, den nationalen gesetzlichen Weg einzuschlagen (zum Beispiel anhand der Anwendung des StGB

---

103 Vgl. Funiok 2005, S. 244–251. Funiok fordert zwar, dass Medienrecht und Medienethik »zusammenwirken« sollen (S. 250), aber er nennt keine medienpädagogischen Ansätze, wo dies systematisch umgesetzt wird.
104 Beck 2002, S. 13.
105 Vgl. Lenhart 2006.
106 Godina 2007, S. 377–396.

oder des JuSchG), statt den internationalen, vor allem hier in Deutschland, da wir wahrscheinlich im europäischen Raum in Sachen Medienschutzsystem führend sind und es hier sogar Aufgabe des Staates ist, für einen effektiven Jungendschutz zu sorgen. Dazu sei jedoch erwidert, dass nicht nur die globale Sicht den Bezug zu den Menschenrechten rechtfertigt, sondern auch deren differenziertes, universal gehaltenes Menschenbild und deren unverbindlicher Charakter. Gerade der empfehlende Charakter der Menschenrechte, der sich aber dennoch erhofft, die wesentlichen Aspekte in den einzelnen nationalen Gesetzen umgesetzt zu sehen, gibt den unterschiedlichen Nationen die Möglichkeit, sich mit den Menschenrechten intensiv auseinanderzusetzen. Nichts anderes möchte die werteorientierte Medienpädagogik erreichen. Wie unten anhand unterschiedlicher medienpädagogischer Ansätze gezeigt wird, sollen keinesfalls die Menschenrechte den Kindern und Jugendlichen übergestülpt, sondern durch ethisch-pädagogische Interaktionsspiele und Gespräche versucht werden, dass sie ihre eigenen Gerechtigkeitsvorstellungen mit den Wesensstrukturen der Menschenrechte in Beziehung setzen. Da die Wesensstrukturen universale Züge aufweisen, ist dies in allen regionalen und überregionalen Gruppen und Kulturen möglich, und es können damit nachhaltig Lernprozesse erzielt werden.

Die vorliegende Arbeit will jedoch noch darüber hinausgreifen. Ich schließe mich dem Mitherausgeber Kurt Schönherr an, der in den Menschenrechten »philosophische Prinzipien der Universalität« sieht, die einen gesellschaftlichen Wertewandel bewirken könnten.[107] Dafür wird es jedoch notwendig sein, die Vorteile und Möglichkeiten diesbezüglich besser kennenzulernen. Die Menschenrechte sollen nicht nur in ihrer Schutzfunktion – im Sinne des positiven Rechts – herangezogen, sondern darüber hinaus auch in ihren Wesensstrukturen herausgestellt und systematisiert werden. Da die Menschenrechte durch ihre Universalität und rechtspositivistische Beschaffenheit einen Ansatz bieten, der für globale Probleme angewendet werden kann, ist es naheliegend, das dahinterstehende Menschenbild für eine werteorientierte Medienpädagogik zu verwenden. Auch wenn es sich dabei nur um eine »Partialanthropologie« handelt (wie wir im nächsten Kapitel sehen werden), wird es zu einer global rechtspositivistisch angelegten Werteorientierung kaum Alternativen geben. Mit diesem Vorgehen könnten viele philosophisch-ethische Grundlagendiskussionen vermieden werden, wenn zuerst geklärt wird,

---

107 Die 5. These zu den künftigen Auswirkungen des gesellschaftlichen Wertewandels (Schönherr 2007, S. 191): »Der gesellschaftliche Wertewandel wird zu einem Weltethos der Religionen führen, indem die philosophischen Prinzipien der Universalität (Menschenrechte) und des Formalen (Individualität) gegenüber Traditionen und Ritualen durch die Erfahrungen des täglichen Lebens an Bedeutung gewinnen.« Ich bin eher verhalten hinsichtlich des Aspekts, dass es dadurch bedingt zu einem »Weltethos« kommen wird, aber dass die Menschenrechte im zukünftigen gesellschaftlichen Wertewandel eine wichtige Schlüsselrolle spielen könnten, sollte meines Erachtens viel stärker in globale Zielsetzungen einfließen.

welches Menschenbild der Auseinandersetzung zugrunde liegen soll. Die wissenschaftliche Diskussion ist wichtig, aber wahrscheinlich zu keinem Konsens fähig.[108] Deshalb ist der rechtspositivistische Weg über die Menschenrechtskonventionen in Anbetracht der Brisanz der Medienproblematik ein sinnvoller Ansatz. Das, worüber wir schon eine gewisse, wenn auch lediglich rechtliche globale Einigung erzielt haben, kann uns möglicherweise am besten helfen. Es gibt aber auch einen inhaltlichen Vorteil, der sich in der Forschung der letzten Jahre immer mehr herauskristallisierte, nämlich den moralisch kulturunabhängigen Universalkern der Menschenrechtsphilosophie.

5.3. Menschenrechtsphilosophie zwischen der kulturrelativen und universalen Ebene

Da es offensichtlich unterschiedliche Arten von Menschenrechten gibt – was ist ihnen gemeinsam, um sie als Menschenrechte zu verstehen? Schließlich ist zu fragen: Welche Bedeutung kommt der Auffassung »des« Menschen bzw. der »Menschenwürde« zu? Steht dahinter ein anthropologisch oder kulturell bestimmtes Verständnis? Ist die Geschlechterdifferenz schon begrifflich von Bedeutung? Ist die Abgrenzung von Tieren zwingend?[109]

Die Philosophie der Menschenrechte befand sich von Beginn an in der Auseinandersetzung zwischen den beiden Polen der kulturrelativen Ansätze einerseits und der nichtrelativen bzw. transzendenten Ansätze andererseits.[110] Erst wenn man gewisse kultur- und geschichtsübergreifende Gemeinsamkeiten findet, können Begriffe wie »Menschenwürde« oder beispielsweise die Abgrenzungsfragen zur Tierwelt geklärt werden.

Es ist von daher hilfreich, im Folgenden einen modellhaften Überblick über diese Ansätze zu geben, in dem vor allem die Überschneidungen im Bereich der universalen gemeinsamen anthropologischen Aspekte hervorgehoben werden.

Nach Lohmann und Gosepath[111] variieren die Begründungsversuche der Menschenrechte je nach begrifflichem Vorverständnis und der vertretenen Moralauffassung erheblich und lassen sich in mehrere Stufen zwischen zwei Gegenpole, nämlich zwischen absolut und relativ, einordnen:

- absolute Begründungsversuche des Naturrechts oder Vernunftrechts (Kant),

- mit dem Begriff der Menschenwürde oder der Selbstzweckhaftigkeit des Menschen als einen absoluten Wert (Spaemann, Vlastos),

---

108 Eine überzeugende universale Ethik wird auch bei den Menschenrechten vergeblich gesucht, da es diese nicht gibt (vgl. Hinkmann 2002, Reuter 1999).
109 Lohmann und Gosepath 1998, S. 11.
110 Vgl. ebd., S. 12.
111 Ebd., S. 12 f.

- transzendente Argumentationen, die den Menschenrechten eine nichtrelative, objektive Bedeutung geben (Apel, Gewirth, Höffe),
- relative Auffassungen, die auf einem Kultursystem gründen (Rorty),
- Auffassungen, die versuchen, durch einen Kulturvergleich empirische Gemeinsamkeiten als Basis festzustellen (An-Na'im, Walzer),
- schwach relative Positionen (Tugendhat),
- politische Positionen (Rawls),
- auf Korrespondenzen begründete Grundrechte (Habermas).

Aus theoretischer Sicht kann man die Begründungsversuche der Menschenrechte zwischen den Begründungspolen relativ bis absolut durchaus sinnvoll in ein Gesamtverständnis integrieren, vorausgesetzt, man sieht in beiden Begründungsrichtungen nur Anteile einer größeren Realität, was in dem Paradigma der gegenwärtig vorherrschenden Medienpädagogik weniger der Fall zu sein scheint.[112] In der Menschenrechts- bzw. Moralphilosophie selbst gibt es in den letzten Jahren Verlagerungen bei der Suche nach kulturübergreifenden Universalien und komplexeren Paradigmen. Auch ich möchte diesen komplexeren Ansätzen folgen und versuchen, die Sphäre der relativen Kultur- und Epochenansätze nicht isoliert einseitig, sondern ganzheitlich als konzentrischen Kreis zu sehen, in dessen äußerem Bereich sich die eher relativen Ansätze befinden, wogegen in der Mitte, wenn auch klein, der universale Kern mit seinen absoluten und kulturunabhängigen Anteilen steht.

Der Forschung mangelt es kaum an Belegen, dass in unterschiedlichen Kulturen und Epochen verschiedene Vorstellungen und Praktiken in Bezug auf Gerechtigkeit und die moralische Begründung der Menschenrechte vorhanden sind. In jüngster Zeit häufen sich jedoch Forschungsprojekte, die sich auf universelle Vorstellungen beziehen. In einer Kurzfassung sollen nun die unterschiedlichen großen gegenwärtigen Forschungen im Folgenden in das Schema (Abb. 2) eingeordnet und kommentiert werden.

Immer wenn Richard Rorty im Fall der Menschenrechte eher den epochalen westlichen Fortschritt der letzten Jahrhunderte, Wohlstand und möglicherweise Sympathiegefühle, die durch Erziehung und einen Kultivierungsprozess entstanden sind, im Gegensatz zu universalistischen moralphilosophischen Begründungen betont,[113] beschreibt er Phänomene auf dem äußeren kulturrelativen Kreis überaus treffend.

---

112 Das medienpädagogische Grundlagenwerk *Grundbegriffe Medienpädagogik* steht zweifelsohne in der Tradition der relativen Ansätze, siehe Funiok 2005, S. 244.

113 Vgl. http://www.humanrights.ch/home/upload/pdf/070108_kalupner_universalitaet.pdf (Zugriff: 12. 5. 2009).

Bei einigen Vertretern mit eher kulturrelativen Schwerpunkten der Menschenrechtsphilosophie sind die Übergänge zur Universalperspektive durchaus ersichtlich. So versucht John Rawls in seiner Theorie der Gerechtigkeit zunächst, seine Sicht von der pragmatischen und damit kulturrelativen Seite der politischen Positionen, also den äußeren Kreis, zu beschreiben.[114] Gleichzeitig werden aber bei Rawls in seiner Begründung des »Urzustands« bzw. durch den Begriff der »Fairness« auch Aspekte aus dem Kern der universalen Ebene berührt. Mit dem Begriff der »Fairness« erkennen Menschen einen »gemeinsamen Maßstab an«.[115] Mit seinem Vorschlag eines »Overlapping consensus«[116] glaubt Rawls an die Möglichkeit, einem Konsens zumindest nahezukommen, wenn auch auf die vernunftmäßige Übereinstimmung in Fragen der politischen Werte begrenzt. Es geht ihm dabei tatsächlich um einen moralisch begründeten Konsens und nicht um einen Konsens über institutionelle Regelungen eigener Interessen oder gar einen Modus Vivendi.[117]

Ein noch stärkerer Universalansatz mit einem empirischen Moment kann im »Cross-cultural approach« zum Beispiel bei An-Na´im[118] oder bei Walzer erkannt werden.[119] Hier werden die Übergänge zwischen dem Kreis der kulturrelativen Aspekte und dem universalen Kern geschaffen. An-Na´im sieht die Differenzen moralischer Grundeinstellungen insbesondere auf der Wissensebene und der der historischen Erzählungen über Moralvorstellungen.[120]

Wenn man jedoch von dieser Oberflächensicht absieht und nach empirischen Ähnlichkeiten bzw. vergleichbaren gesellschaftlichen Praktiken sucht, kann man auf eine Kernschnittmenge von »Cross-cultural universals« stoßen. Hierbei handelt es sich um eine Art impliziten Konsens der Menschenrechte, aus dem weiterführende Menschenrechtsstandards entwickelt werden können.[121]

---

114 Rawls (1979) Ansatz ist ein pragmatischer, dem es in erster Linie um die (politischen) Bedingungen des menschlichen Lebens geht: »Man braucht zur Begründung ihrer Grundsätze keine theologischen oder metaphysischen Lehren heranzuziehen, auch kein Jenseits (…) eine Gerechtigkeitsvorstellung muss aufgrund der uns bekannten Bedingungen des menschlichen Lebens gerechtfertigt sein, oder sie ist es überhaupt nicht (ebd. S. 494); vgl. Lohmann und Gosepath 1998, S. 13.

115 Rawls 1979, S. 21.

116 Rawls 1987.

117 Ebd. vgl. Demmerling und Rentsch 1995, 184–186.

118 Zitiert nach Lohmann und Gosepath 1998, S. 12–13.

119 Walzer 2006. Wenn Walzer von Gütern wie Schule, Ausbildung, Geld, Arbeit, Beruf, politischen Ämtern etc. spricht, weist er darauf hin, dass diese immer von ihrer jeweilig relativen Bedeutung her gedeutet werden müssen: »Ich möchte nur feststellen, dass wir die Verteilung dieser Sozialgüter nicht als gerecht oder ungerecht beurteilen können, ehe wir nicht wissen, welche Bedeutung und welchen Wert ihnen die Menschen zumessen, unter denen sie verteilt werden« (ebd., Vorwort zur deutschen Neuauflage, S. III).

120 Siehe Kalupner 2004, S. 138.

121 Ebd.

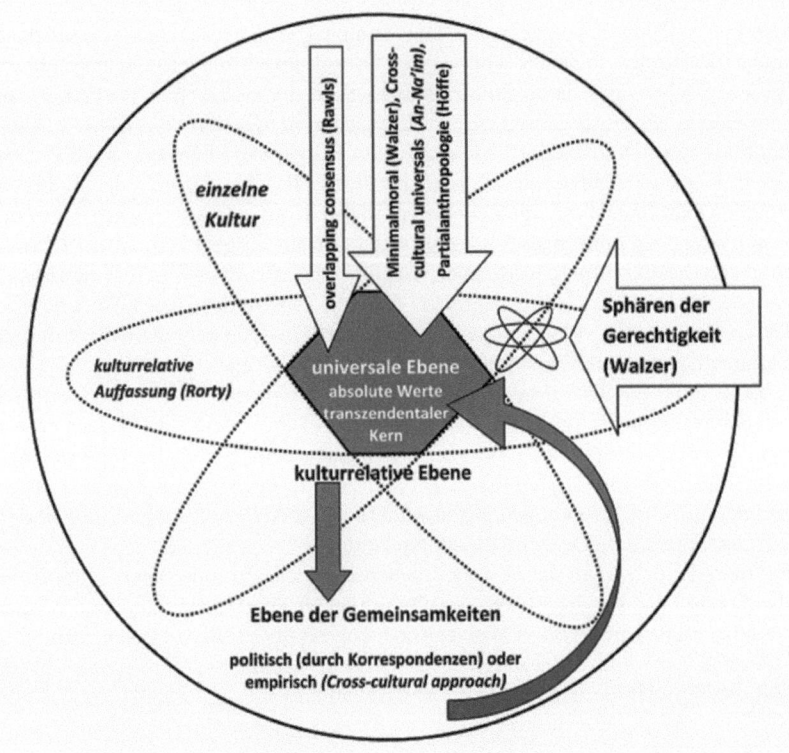

Abb. 2. Universalgültige und kulturrelative Ebene der Moralvorstellungen (Gestaltung: Bojan Godina)

Walzer kommt bei seinem Denkansatz dahin, der viele Jahre dominierenden Gerechtigkeitsdebatte Rawls eine bedeutende Wendung zu geben. Der Gleichheitsbegriff wird bei ihm nun auf verschiedene Güter in unterschiedlichen Kulturen und Epochen bezogen und ist im Sinne Rawls zum Scheitern verurteilt, wenn er nicht um einen pluralistischen Gleichheitsbegriff erweitert wird. Obwohl die Relativität des Gleichheitsgedankens kaum irgendwo deutlicher hervortritt als beim Umgang mit der Verteilung von Gütern, kann selbst bei Walzer der Bezug zum universalen Kern nicht ausbleiben. Einige Jahre nach seinem Werk »Sphären der Gerechtigkeit« begann Walzer über einen moralischen Minimalismus nachzudenken, unter dem er die Summe all dessen versteht, »was wir wiedererkennen«.[122] Er vergleicht diese

---

122 Walzer 1996, S. 19.

Moral mit der »Minimal Art«, die als Kunstform objektiv und ausdrucksfrei sein sollte,[123] bzw. einer Moral, die in Krisenzeiten »eilends eine abstrakte Version, ein Strichmännchen« der Moral andeuten kann,[124] oder eine Art moralisches Esperanto.[125] Die Regeln einer solchen Moral tragen keine persönliche oder gesellschaftliche Unterschrift.[126] Im Prinzip geht es seiner Meinung nach um »immer wieder auftauchende Merkmale bestimmter dichter oder maximaler Moralauffassungen«,[127] deren moralische Erwartungen sich sowohl auf uns nahestehende Mitmenschen als auch auf fremde Menschen beziehen:[128]

> Es gibt eine Minimalmoral, einen »dünnen« Gerechtigkeitskatalog, dessen hauptsächlich negativer Charakter den gemeinsamen Verwundbarkeiten und Ängsten der Menschen geschuldet sein dürfte. Hat diese Moral ein Fundament? Wenn ja, dann bin ich mir ziemlich sicher, dass es sich um ein naturalistisches Fundament handelt. Ich bin aber kein Fundamentalist; ich messe diesem Naturalismus (über den ich niemals etwas geschrieben habe) keine Bedeutung zu, weil er so tief unter dem riesigen, immer weiter wachsenden Berg von Geschichte und Kultur liegt, von Widerstreit und Anpassung, von zahllosen Anstrengungen, das Universum zu verstehen und zu erklären, und von immer neuen Versuchen, dem Richtigen und Guten zum Durchbruch zu verhelfen. Unsere Minimalmoral ist eine in Kurzschrift geschriebene Auflistung dessen, was den meisten von uns in alldem am wertvollsten erscheint. Dieses Stenogramm hilft uns zwar nicht, die ganze Vielfalt menschlicher Zusammenstöße zu erfassen, es versetzt uns aber in die Lage, Unterdrückung selbst in fernen Ländern zu erkennen und Mitgefühl mit den Menschen zu entwickeln, die sich ihr widersetzen – weil wir aus einer fast instinktiven Kenntnis heraus (…) wissen, dass Unterdrückung ein Angriff ist, auf das, was für uns den höchsten Wert darstellt.[129]

Auf eben diesen »dünnen« Gerechtigkeitskatalog, der »tief unter einem riesigen, immer weiter wachsenden Berg von Geschichte und Kultur liegt«, sei im universellen Kern hingewiesen. Auch wenn es im Vergleich ein mikroskopisch kleiner universaler Anteil ist, besitzt er vor allem für die Universalperspektive der Menschenrechte hohe Relevanz. Dieser kleine, universal vorhandene Kern – ob metaphysisch oder naturalistisch begründet, spielt hierbei keine Rolle – ist wahrscheinlich der Garant, dass die unterschiedlichen Kulturen überhaupt ein Mitgefühl, eine Perspektivenübernahme oder gar gewisse Menschenrechtsvorstellungen teilen können. Bei konkreten Parametern dieser Minimalmoral wirkt Michael Walzer sehr zurückhaltend. Er benennt vorsichtig die Möglichkeit einiger Vorschriften »gegen Mord, Täuschung, Folter, Unterdrückung und Tyrannei«.[130]

---

123 Ebd., S. 20.
124 Ebd., S. 35.
125 Ebd., S. 21.
126 Ebd.
127 Ebd., S. 25; vgl. S. 33.
128 Ebd., S. 34.
129 Walzer 2006, Vorwort zur deutschen Ausgabe, S. IV–V. Für Walzer steht darüber hinaus auch fest, dass wir Menschen uns »wechselseitig als menschliche Wesen, als Angehörige der gleichen Art erkennen und anerkennen« (ebd., S. 17).
130 Ebd., S. 24.

Aus pragmatischer Sicht erschließt sich der Eindruck, dass vor allem das Modell der Partialanthropologie Otfried Höffes das stärkste moralische Universalmodell ist. Es zeigt, dass die Menschenrechte es geschafft haben, trotz einer Vielfalt an bestehenden Kulturen, Rechtssystemen, Gerechtigkeitsvorstellungen und Moralphilosophien globalen Verbindlichkeitscharakter zu erlangen.

Höffe versucht darzustellen, dass die Stärke der Menschenrechte vor allem darin liegt, dass sie nicht an einer normativ oder teleologisch begründeten Anthropologie ausgerichtet sind.[131] Indem diese Fragen offengelassen werden, entsteht eine Partialanthropologie, die in verschiedenen Kulturen und Epochen anwendbar ist.[132] Die Partialanthropologie sucht nicht nach dem »Humanum«, sondern konzentriert sich auf das Wesentliche.[133] Anstatt nach den »Vollendungsbedingungen des Humanen« zu suchen,[134] begnügt sie sich mit dem, »was den Menschen als Menschen möglich macht«. Wenn zum Beispiel der Gewaltverzicht als wechselseitige Leistung verstanden wird, die Gegenstand eines Tausches sein könnte, dann werden die Menschenrechte weniger an religiös-philosophischen, sondern an einer Ethik praktischer Klugheitsregeln der Wechselseitigkeit ihre Orientierung finden.[135] In der bewussten anthropologischen Bescheidenheit geht es eher um Fragen der Handlungsfähigkeit[136] bzw. um eine Moral des Geschuldeten, um Tauschgerechtigkeit und Wechselseitigkeit, die sich in einer Welt mit erhöhter Konfliktgefahr und gewachsenem Problembewusstsein an einem gewissen Minimum orientieren.[137] Dies ist sicherlich ein zusätzlicher Grund für den Globalcharakter der Menschenrechte.

Die im Folgenden aufgezeigten Wesensstrukturen der Menschenrechte verstehen sich im Sinne einer bescheidenen »Partialanthropologie« (Höffe) oder nach den Bedingungen eines »Overlapping Consensus« (Rawls) oder einer »dünnen Minimalmoral« (Walzer).

5.4. Wesensstrukturen der Menschenrechte im Sinne einer Partialanthropologie

Da sich universale Moralvorstellungen über die Kulturen und Sozialisationsmuster hinaus als stabil darstellen, drängt sich die Frage auf, welche dahinterstehenden Faktoren sie bedingen. Man kann der Frage anhand der moralischen Einzelphänomene nachgehen oder aber anhand übergreifender systematischer Konstrukte, wie zum Beispiel Rechts- oder Religionssysteme, falls sie tradiert bzw. schriftlich festgehalten

---

131 Höffe 1998, S. 32.
132 Ebd., S. 33.
133 Ebd.
134 Ebd., S. 34.
135 Kalupner 2004, S. 132.
136 Ebd.
137 Höffe 1998, S. 34–36.

wurden. Wir wollen diesbezüglich vor allem das umfassendste Rechtssystem der Menschenrechte etwas genauer betrachten. Wenn man die Menschenrechte, also die Menschenrechtserklärung von 1948,[138] aber ebenso einige der nachfolgenden Menschenrechtskonventionen hinsichtlich des Menschenbildes und der Grundwerte auf ihre – im Sinne der phänomenologischen Reduktion – grundlegenden (nichtvariablen) Wesensstrukturen reduziert, dann ist es uns durchaus möglich, vier für die werteorientierte Medienpädagogik relevante Faktoren zu finden, die für die Stabilität der universalen Moralvorstellungen verantwortlich sind.[139] Diese durch die folgende Reduktion freigelegten Wesensstrukturen bedingen auf der universalen Ebene der Moral die von Otfried Höffe postulierte Partialanthropologie, ebenso das Konzept der »Cross-cultural Universals« und das des »Overlapping Consensus« von John Rawls. Es handelt sich im Prinzip um nichts anderes als um Wesensstrukturen (also den invarianten Anteil unterschiedlicher Varianten des Phänomens) konstanter, immer wiederkehrender und kulturübergreifender Übereinstimmungen menschlicher Grundwerte und deren Gewichtungen bzw. Relationsverhältnisse. Die Relationsverhältnisse dienen den Menschen sozusagen als Parameter für grundlegende Gerechtigkeitsurteile zwischen verschiedenen Werten. Diese werden hier zunächst als moralische Wesenszüge beschrieben, die im zweiten Schritt – im Schulunterricht – als strukturelle Gerechtigkeit im Sinne normativer Maßstäbe für zwischenmenschliche Beziehungen, aber auch für die Beziehungen zu Natur und Recht/Staat angewendet werden müssen.[140] Es geht von daher nicht in erster Linie um axiologische Aufzählungen und Diskussionen über Werte (materielle oder immaterielle), sondern vielmehr um die Werteordnung. Es geht um die Frage, wie sind die unterschiedlichen Grundwerte (Abb. 3) Mensch, Mitmensch, Staats- bzw. Rechtssystem, Religions- und Gedankenwerte, Natur (Tierwelt, Pflanzenwelt) in den Menschenrechten schwerpunktmäßig geordnet?

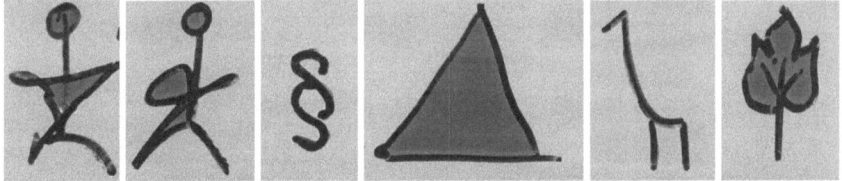

Abb. 3. Darstellung unterschiedlicher Grundwerte in unserer Welt (Gestaltung: Lorethy Starck); Kategorien von links nach rechts: Mensch – Mensch, Gesetz, Religion, Tier- und Pflanzenwelt

---

138 Universal Declaration of Human Rights, Resolution 217 A (III) der Generalversammlung vom 10. Dezember 1948.

139 Der Begriff »Wesensstruktur« wird hier im Sinne der Phänomenologie Husserls verstanden (vgl. Godina 2007, S. 121–125).

140 Vgl. Richter 2010, S. 179.

Wenn man die Allgemeine Erklärung der Menschenrechte von 1948, aber auch die daraus folgenden Konventionen und Pakte in Bezug auf diese Grundwerte unter phänomenologischen Gesichtspunkten auf ihren Wesenskern reduziert, wird man hinter den Menschenrechtsbestimmungen vier konstante (invariable) Wesensstrukturen finden, durch die diese Werte grundlegend im moralischen Sinne geordnet werden.

5.4.1. Wesensstruktur: Gleichheit

Das erste Werte-Relationsverhältnis ist das Gleichheitsverhältnis zwischen der Entität Mensch. Die »Gleichheit« in Bezug auf Würde und die damit verbundenen (Menschen-)Rechte als eine Wesensstruktur der Menschenrechte zu erkennen, ist nicht sonderlich schwer, da sie sowohl in der Präambel als auch in den Artikeln der Allgemeinen Erklärung der Menschenrechte von 1948 explizit und wiederholt dargelegt ist.

[Präambel] Da die Anerkennung der angeborenen Würde und der *gleichen* [141] und unveräußerlichen Rechte aller Mitglieder der Gemeinschaft der Menschen die Grundlage von Freiheit, Gerechtigkeit und Frieden in der Welt bildet.
[Artikel 1] Alle Menschen sind frei und *gleich* an Würde und Rechten geboren. Sie sind mit Vernunft und Gewissen begabt und sollen einander im Geist der Brüderlichkeit begegnen.

[Artikel 7] Alle Menschen sind vor dem Gesetz *gleich* und haben ohne Unterschied Anspruch auf *gleichen* Schutz durch das Gesetz. Alle haben Anspruch auf *gleichen* Schutz gegen jede Diskriminierung, die gegen diese Erklärung verstößt, und gegen jede Aufhetzung zu einer derartigen Diskriminierung.

[Artikel 23 Abs. 2] Jeder, ohne Unterschied, hat das Recht auf *gleichen* Lohn für *gleiche* Arbeit.

Dies ist der erste, die Menschenrechte bedingende Parameter im Sinne einer Partialanthropologie. Die Wesensstruktur der prinzipiellen Gleichheit der Menschen wird durch andere Begriffe ergänzt. Die Artikel beginnen mit den Indefinitpronomen »alle«, »jeder«, »niemand«. Nur Artikel 16 und 30 bilden eine Ausnahme und beginnen nicht mit solchen kategorisierenden Begriffen. Wie man oben in Artikel 23 Abs. 2. lesen kann, wird der Begriff der Gleichheit mit »jeder« und darüber hinaus mit dem Zusatz »ohne Unterschied« im Sinne des Gleichheitspostulats verstärkt. Dieses Relationswissen der Gleichheit der Menschen bezieht sich, wie im nächsten Kapitel ausführlicher dargestellt wird, auf die prinzipielle Gleichheit im Aspekt der Menschenwürde und den damit vorhandenen Rechten der

---

141 Die Hervorhebungen wurden durch den Autor vorgenommen.

sonst religiös, kulturell, persönlichkeitsbedingt unter Umständen sehr unterschiedlichen Menschen.[142]
Diese Beispiele sollen genügen, um in der Menschenrechtserklärung von 1948 die Wesensstruktur der Gleichheit im Sinne eines Relationsverhältnisses des Grundwertes Mensch postulieren zu können.

5.4.2. Wesensstruktur: Menschenwürde und Grundwerte (Menschenbild)

Es reicht für eine angewandte Menschenrechtsbildung im Rahmen der Medienpädagogik nicht aus, Relationswissen bzw. durch die Wesensstruktur der Gleichheit nur eine gewisse Egalität, sozusagen im luftleeren Raum, zu postulieren, sondern es muss auch genauer bestimmt werden, auf welche Entitäten sich die Gleichheit bezieht. Welches grundlegende – wenn auch minimale – Menschenbild beschreiben die Menschenrechte, um es durch das Gleichheitsprinzip auf alle Menschen in gleicher Weise beziehen zu können? In der Allgemeinen Erklärung der Menschenrechte wird die Egalität vor allem durch die Begriffe der Menschenwürde,[143] der Freiheit, Begabung, Persönlichkeit, dem Wohl und den damit verbundenen Rechten näher bestimmt. Im Folgenden einige Beispiele:

[Präambel] Da die Anerkennung der *angeborenen Würde* und der gleichen und *unveräußerlichen Rechte* aller Mitglieder der Gemeinschaft der Menschen die Grundlage von Freiheit, Gerechtigkeit und Frieden in der Welt bildet (...).

In der Präambel wird deutlich, dass der Mensch eine angeborene Würde hat und auch unveräußerliche Rechte. Es wird bereits im weiteren Textverlauf der Präambel darauf hingewiesen, dass die menschliche Person einen Wert besitzt, dass der Mensch bzw. dass die Menschenrechte auch Grundfreiheiten implizieren, die Konkretisierung erfolgt jedoch erst in den einzelnen Artikeln.

[Artikel 1] Alle Menschen sind frei und gleich an Würde und Rechten geboren. Sie sind mit *Vernunft* und *Gewissen* begabt und sollen einander im Geist der Brüderlichkeit begegnen.

Artikel 1 postuliert, dass prinzipiell alle Menschen die gemeinsame konkrete Begabung von Vernunft und Gewissen besitzen. Es geht dabei nicht um die tatsächlich existierenden Unterschiede, die sicherlich in ihrer Vernunft (Intelligenz, Denkart) oder zum Beispiel in ihrer moralischen Urteilsfähigkeit bestehen, sondern allein darum, dass alle Menschen grundsätzlich mit Vernunft und Gewissen begabt

---

142 Es geht dabei nicht um die Nivellierung der Menschen, sondern um funktionelle Gleichheit; vgl. Bühl und Dürig 1986.

143 Vor allem die Menschenwürde wird in der aktuellen politischen Bildung als Fundamentalwert in die politische Wertevermittlung einbezogen, trotz der starken Zurückhaltung bei Werten, wie zum Beispiel Ehe und Familie (vgl. Goll 2010, S. 9–20).

sind. Im Haben und nicht im Anteil und der Qualität ist diese Wesensstruktur des Menschenbildes der Menschenrechte begründet. Es sollte auch beachtet werden – auch wenn es nicht explizit genannt wird –, dass sich durch die Erwähnung des Gewissens der Mensch vom Tier abzuheben scheint.[144]

[Artikel 3] Jeder hat das Recht auf *Leben, Freiheit* und *Sicherheit* der Person.

Menschen sind Lebewesen, die das Recht auf Freiheit und Sicherheit haben. Diesen Rechten vorausgehend ist sicherlich das Bedürfnis, zu leben, frei zu sein und sich sicher zu fühlen.

[Artikel 12] Niemand darf willkürlichen Eingriffen in sein Privatleben, seine Familie, seine Wohnung und seinen Schriftverkehr oder Beeinträchtigungen seiner Ehre und seines Rufes ausgesetzt werden. Jeder hat Anspruch auf rechtlichen Schutz gegen solche Eingriffe oder Beeinträchtigungen.

Der Mensch ist nach Artikel 12 ein Wesen mit Privatleben, das ein Ehrempfinden besitzt, einen guten Ruf haben möchte und von daher auch in diesem Bereich geschützt werden soll. Auch hier sehen wir neben den Wertattributen des Menschenbildes dieser Partialanthropologie zusätzlich, wenn auch indirekt, einen Unterschied zur Tierwelt, bei der wir keinesfalls von einem Schutz des Privatlebens und schon gar nicht von »Ehre« oder »Ruf« sprechen. Im Prinzip haben wir indirekt auch eine Art übergeordneter »Stellung des Menschen im Kosmos«[145] durch die Wertattribute der Menschenrechte in Bezug auf die Tierwelt geschaffen.[146] Der Mensch hat auch einen eigenen Wunsch und Willen, sein Glück zu suchen. Otfried Höffe sieht darin den Eigenwert des Menschen, der einen Wert liberaler Demokratie darstellt.[147]

Neben den angeführten Merkmalen, die man durch die Menschenrechte schützen sollte, da sie anscheinend – wenn auch nur im Sinne einer Partialanthropologie – zum Menschen gehören und seinen Bedürfnissen bzw. seinem Wohlbefinden und seiner Würde entsprechen, gibt es noch weitere Merkmale, die eine Art implizites Menschenbild in den Menschenrechten konstruieren. Im Folgenden ein Überblick aus drei Perspektiven:

---

144 Mit dieser Behauptung gelangt man sicherlich in die Nähe philosophischer Werke, in denen versucht wird, die Sonderstellung des Menschen in der Natur durch seine geistigen Fähigkeiten zu belegen, wie zum Beispiel *Die Stellung des Menschen im Kosmos* von Max Scheler (1928). Es ist hier jedoch zu beachten, dass meine Argumentation vor allem auf der rechtspositivistischen Seite der Menschenrechte stehenbleibt.

145 Im Sinne von Max Schelers konzeptioneller Verwendung.

146 Kein Wunder, dass den Menschenrechten die christlich-abendländische Basis vorgeworfen wurde. Für Buddhisten und Hinduisten wäre diese Stellung des Menschen in der Welt kaum vertretbar.

147 Höffe 2004, S. 142–143.

1. *Perspektive:* Der Mensch besitzt
- angeborene Würde (Präambel; Art. 1),
- ein Gewissen (Präambel; Art. 1),
- die Vernunft (Präambel; Art. 1),
- eigene Interessen (Art. 23 Abs. 4).

2. *Perspektive:* Der Mensch ist Teil
- der Familie, sie ist die Grundeinheit der Gesellschaft (Art. 16 Abs. 3),
- der Gesellschaft (Art. 16 Abs. 3),
- einer sozialen und internationalen Ordnung (Art. 28).

3. *Perspektive:* Die Menschenrechte deuten implizit auf ein grundlegendes Streben hin bzw. auf das Bedürfnis des Menschen nach
- Glaubensfreiheit (Präambel),
- Würde und Selbstwert (Präambel),
- Gleichheit und Gerechtigkeit (Art. 1; 2; 10; 23 Abs. 2),
- Leben (Art. 3),
- Freiheit (Art. 3),
- Sicherheit (Art.3; 22),
- Privatleben (Art. 4; 12),
- Ehrempfinden (Art. 12),
- guten Ruf (Art. 12),
- Eigentum (Art. 17),
- Gedanken-, Gewissens- und Religionsfreiheit (Art. 18),
- Meinungsfreiheit (Art. 19),
- Versammlung mit anderen Menschen (Art. 20),
- Gestaltung öffentlicher Angelegenheiten (Art. 21),
- Teil des Volkes bzw. Landes zu sein (Art. 21),
- Ämtern im Lande (Art. 21),
- Wahlfreiheit (Art. 21),
- sozialer Sicherheit (Art. 22),
- wirtschaftlichem, sozialem, kulturellem Genuss, nach Kunst (Art. 22, 27 Abs. 1),

- freier Entwicklung der Persönlichkeit (Art. 22),

- Arbeit, Berufswahl, gerechtem Lohn (Art. 23),

- Erholung, Freizeit, Begrenzung der Arbeitszeit (Art. 24),

- einem Lebensstandard, der Gesundheit und Wohl gewährleistet (Art. 25, 29 Abs. 2),

- Nahrung, Kleidung, Wohnung, ärztlicher Versorgung, sozialen Leistungen, Sicherheit im Falle von Arbeitslosigkeit, Krankheit, Invalidität, Verwitwung, Alter (Art. 25),

- besonderer Fürsorge für Mütter und Kinder (Art. 25 Abs. 2),

- Bildung (Art. 26 Abs. 1),

- Entfaltung der menschlichen Persönlichkeit (Art. 26 Abs. 2, Art. 29 Abs. 1),

- Schöpferische Tätigkeiten (Art. 27 Abs. 2),

- sozialer Ordnung (Art. 28),

- gerechten Anforderungen der Moral (Art. 29).

Die Begabungen des Menschen (1. Perspektive), seine systemische Einbettung (2. Perspektive) und sein – wenn auch indirekt implizites – Streben bzw. seine Bedürfnisse (3. Perspektive), wie diese von den Menschenrechten beschrieben werden, konstituieren damit in der Menschenrechtserklärung von 1948 das Menschenbild. Dieses Menschenbild ist die Referenz für die Wesensstruktur der Gleichheit. Gleichheit in den Rechten und Pflichten kann es logischerweise nur geben, wenn das Menschsein mit seinen Begabungen und Bedürfnissen irgendwie definiert wird. Was oft übersehen und kaum in der Bevölkerung wahrgenommen wurde, ist die Tatsache, dass es in den Menschenrechten um weit mehr geht, als um körperliche Verletzungen bzw. Schutz. Oftmals sind das zwar die Themen, die uns meistens in den medialen Berichterstattungen aus den offensichtlichen äußeren Verletzungen der Menschenrechte entgegengebracht werden (Kriegsverbrechen, Beschneidung der Frauen, Kinderarbeit etc.). Es sollte hier erwähnt werden, dass in der Kinderrechtskonvention das Kind bzw. der Mensch neben seiner körperlichen, auch in der seelisch-sozialen und sogar sittlichen Entität als schützenswert beschrieben wird.

[Übereinkommen über die Rechte des Kindes 1989, Art. 32 Abs. 1] Die Vertragsstaaten erkennen das Recht des Kindes an, vor wirtschaftlicher Ausbeutung geschützt und nicht zu einer Arbeit herangezogen zu werden, die Gefahren mit sich bringen, die Erziehung des Kindes behindern oder die Gesundheit des Kindes oder seine körperliche, geistige, seelische, sittliche oder soziale Entwicklung schädigen könnte.

Die Menschenrechte sollten von daher in ihrer ganzen Bandbreite inklusive ihrer seelisch-sozialen und sittlichen Entität vermittelt werden.[148] Nur wenn der Mensch weiß und aus seiner ihm vertrauten Lebenswelt heraus versteht, wer er ist, kann er den anderen als einen Mitmenschen mit Würde behandeln. Erst wenn die Entität Mensch aus den Menschenrechten definiert ist, kann man die Wesensstruktur der Gleichheit anwenden.

5.4.3. Wesensstruktur der übergeordneten Instanz

Das zweite Relationsverhältnis bezieht sich auf die dem Menschen übergeordneten Instanzen. Dabei ist der Mensch verpflichtet, sich dem staatlichen Rechtssystem – in den meisten demokratischen Staaten also den Menschenrechten und -pflichten – zu unterstellen bzw. eine inferiore Stellung einzunehmen. Die UN-Staaten haben sich formal verpflichtet, die Umsetzung dieser übergeordneten Rechtsstruktur zu gewährleisten (siehe Präambel). Darüber hinaus kann sich den Menschenrechten zufolge jeder Mensch frei für eine übergeordnete Instanz wie zum Beispiel ein Religionssystem entscheiden:

> [Artikel 18] Jeder hat das Recht auf Gedanken-, Gewissens- und Religionsfreiheit; dieses Recht schließt die Freiheit ein, seine Religion oder Überzeugung zu wechseln, sowie die Freiheit, seine Religion oder Weltanschauung allein oder in Gemeinschaft mit anderen, öffentlich oder privat durch Lehre, Ausübung, Gottesdienst und Kulthandlungen zu bekennen.

Glaubensfreiheit gehört zu dem höchsten Streben des Menschen (Präambel), daher sollte ein Ziel der Bildung sein, Verständnis, Toleranz und Freundschaft zwischen religiösen Gruppen zu fördern (Art. 26 Abs. 2). Dies bedeutet, dass der Mensch gemäß den Menschenrechten die Freiheit besitzt, für sich persönlich auch nicht-sichtbare, der menschlichen Gesellschaft übergeordnete Instanzen zu wählen, wie zum Beispiel die Gottheit einer Religion oder seines Gewissens.

5.4.4. Implizite Wesensstruktur der untergeordneten Naturrealität

Der Mensch nimmt durch die Menschenrechte und die damit verbundenen Rechts- und Schutzbestimmungen offensichtlich eine von der übrigen Natur bzw. der Tierwelt abgehobene Stellung (Superiorität) ein. Das Relationsverhältnis der nicht-

---

148 Nach Möglichkeit sollte dies den Heranwachsenden lebensweltnah vermittelt werden. Im deutsch-sprachigen Raum existieren seit einigen Jahren mehrere interessante Ansätze, wie man zum Beispiel in der Schule in verschiedenen lebensweltnahen Projekten Menschenrechte vermitteln kann (vgl. Carle und Kaiser 1998; Friedrichs 2002). In Österreich gibt es einen Versuch, die Menschenrechte als eigenständiges Schulfach zu integrieren, wobei didaktisch ebenso stark lebensweltliche Bezüge hergestellt werden (www.human-rights.at/unterricht.html, Zugriff: 5. 10. 2006).

menschlichen Natur führt diese eindeutig in eine untergeordnete Position (Inferiorität). Der Mensch hat zum Beispiel ein Recht auf Eigentum, auf Freiheit, Privatsphäre, Gewissens- und Religionsfreiheit, die dem Tier nicht zugesprochen wird. Vielmehr betrachten wir die Tierwelt mit unserer westlich geprägten Weltanschauung in gewissem Sinne als unser Eigentum.

In den letzten Jahren wird in der dritten Generation seit der Proklamation der Menschenrechte ein Recht auf eine »intakte Umwelt« diskutiert.[149] Jedoch geht es hierbei nur um die Bewahrung der Natur für unsere und auch die nachfolgenden Generationen. Die Menschenrechte implizieren jedoch eindeutig keine Gleichstellung des Menschen mit der Natur im Gegensatz zu manchen fernöstlichen Glaubenssystemen, sondern sie heben den Menschen indirekt sogar von der umgebenden Natur ab. Im besten Falle fordern sie den Schutz der Natur vor Zerstörung als Grundlage menschlichen Lebens, was aber in einer neueren Entwicklung der Menschenrechte durch die brisanten Umweltfragen begründet zu sein scheint.

5.4.5. Zusammenfassung der Wesensstrukturen des Menschenbildes in den Menschenrechten

Es wurde durch die Untersuchung des Menschenbildes in den Texten zu den Menschenrechten deutlich, dass es vier grundlegende Wesensstrukturen gibt, die ein Relationsverhältnis in den Werten freilegen, das ein differenziertes ethisches Konstrukt, also eine Art Partialanthropologie, begründen kann. Auf der Ebene der Wesensstrukturen kann man das Gesagte mit der Grafik in Abb. 4 verdeutlichen.

Die Relationsgesetze, die in der Grafik mit vier Pfeilen veranschaulicht sind, werden hier kurz zusammengefasst:

1. *Eigenwahrnehmung des Menschseins.* Der Mensch ist und erlebt sich als freies Individuum, das mit Würde, Gewissen, Vernunft und individuellen Interessen begabt ist und verschiedene Bestrebungen bzw. Bedürfnisse besitzt (Ehrgefühl, Wunsch nach gutem Ruf, Sicherheit, freie Entfaltung).

2. *Menschliche Egalität.* Jeder Mensch hat die gleiche Würde und die gleichen Rechte und sollte seinen Mitmenschen als ebenso ausgestattet begegnen.

---

149 http://www.bpb.de/die_bpb/KYCOSO,2,0,Menschenrechte_in_der_internationalen_Politik.html
(Zugriff: 27. 2. 2009).

3. *Übergeordnete Ebene.* Jeder Mensch ist prinzipiell den staatlichen übergeordneten Gesetzen verpflichtet und hat aber darüber hinaus auch die Freiheit, ein übergeordnetes Glaubenssystem bzw. seinen Gottglauben zu wählen.

4. *Untergeordnete Ebene.* Die Tierwelt bzw. Natur ist eine dem Menschen untergeordnete Ebene, die der Mensch jedoch für die eigene und folgende Generationen bewahren sollte. Auch sonstiges materielles Eigentum ist dem Menschen untergeordnet.

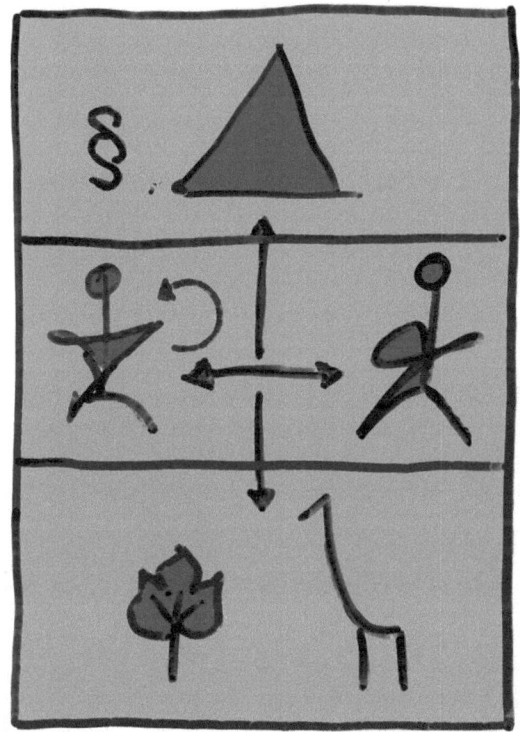

Abb. 4. Schema der universalen Gerechtigkeitsrelationen in Bezug auf einige Grundwerte (Gestaltung: Lorethy Starck)

Diese vier Wesensstrukturen könnten in konsequenter medienpädagogischer Anwendung eine positive Veränderung in unserem Umgang mit den Medien mit sich bringen. Voraussetzung ist jedoch, dass sie von Kindern und Jugendlichen, aber auch von Erwachsenen zunächst in Beziehung zu ihrem eigenen Rechtsempfinden

(Gewissen und Moralvorstellungen) erarbeitet werden. Dies könnte vorzugsweise im schulischen Ethik- und Religionsunterricht geschehen. Wie weiter unten gezeigt wird, bietet es sich bei dieser Gruppe besonders gut an, mit systemischen Aufgaben, Spielen und Dilemma-Aufgaben die Wesenszüge herauszuarbeiten. Zunächst wollen wir aber für die weit gefächerte religiöse Landschaft in Deutschland einige Anregungen geben, wie leicht man die menschenrechtlich hergeleiteten Wesensstrukturen mit denen der drei monotheistischen Weltreligionen verbinden kann.

5.4.6. Vergleich und mögliche Ergänzung für den Religionsunterricht der drei großen monotheistischen Weltreligionen (Judentum, Christentum und Islam)

Der Religionsunterricht kann in der Grundwertedebatte einen wichtigen Beitrag leisten. Vor allem die Werte Freiheit, Gleichheit und Gerechtigkeit sind Grundwerte der Demokratie, die nach Empfehlung der Bundeszentrale für politische Bildung im schulischen Religionsunterricht an öffentlichen Schulen einen wesentlichen Bezugspunkt darstellen sollten.[150] Zunächst aber zur statistischen Übersicht der Religionen in Deutschland. Nach der aktuellen REMID-Übersicht[151] der Religionen sind in Deutschland

- 25,7   Mio. Menschen katholisch,
- 25,1   Mio. Menschen evangelisch,
- 3,3   Mio. Menschen Muslime,
- 1,5   Mio. Menschen Mitglieder christlicher Freikirchen und Sondergemeinschaften,
- 1,4   Mio. Menschen orthodoxe Christen,
- 0,11   Mio. Menschen Mitglieder jüdischer Gemeinden.

Wenn man die Gesamtmitgliederzahlen der drei monotheistischen Weltreligionen (Christentum, Islam und Judentum) addiert, kommt man auf knapp 60 Millionen Mitglieder. Anhänger des Hinduismus und Buddhismus schätzt man in Deutschland auf ca. 360.000 Mitglieder. Neue Religionen, Esoterik und sonstige Religionen zählen noch einmal ca. eine Million Mitglieder.[152] In der religiösen Landschaft Deutschlands repräsentieren also die drei monotheistischen Religionen den weit größten Anteil.

---

150 Grümme 2010, S. 41–58.
151 Vgl. www.remid.de (Zugriff: 9. 3. 2009).
152 Die Konfessionslosen zählen in Deutschland 23,8 Millionen (vgl. ebd.).

Es drängt sich fast von selbst die Frage auf, ob man für den Religionsunterricht, unterstützt auch durch Vertreter dieser drei in Deutschland stark vertretenen monotheistischen Religionen, einen analogen Ansatz zu den Wesensstrukturen der Menschenrechte finden könnte, der eine werteorientierte medienpädagogische Anwendung gewährleistet. Besonders zu begrüßen wäre dabei, wenn es gelänge, dem Religionsunterricht, dem Konfirmanden- und Kommunionsunterricht bzw. dem in der Koranschule eine vergleichbare Partialanthropologie auf der Grundlage ihrer heiligen Bücher dem Unterricht zugrunde zu legen. Meiner Überzeugung nach ist dieser Ansatz zum einen durch Gemeinsamkeiten in den heiligen Büchern der drei monotheistischen Religionen möglich, zum anderen durch die Existenz der Gemeinsamkeiten in den Menschenrechten.

1. Nähe zu den Menschenrechten

Die Allgemeine Menschenrechtserklärung ist sicherlich sehr nah an der biblisch-abendländischen Weltanschauung orientiert, auch wenn der Menschenrechtsgedanke keinesfalls allein das Ergebnis christlich-abendländischen Denkens darstellt.[153] Auch in der islamischen Kultur bzw. im Koran sind nach Meinung von Ali Yachkaschi durchaus Wesensstrukturen der Menschenrechte erkennbar.[154]

2. Wesensstrukturen der »Stellung des Menschen«[155] (Menschenbild) in der jüdisch-christlichen Schöpfungsgeschichte in der Genesis

Es ist durchaus möglich zu erkennen, ohne hier eine genauere hermeneutische Textanalyse vorzunehmen, dass der Mensch in den ersten zwei Kapiteln der Genesis (Genesis 1 und 2) auf einer Ebene der Freiheit und des Wertes dargestellt wird, wie dies auch in den Menschenrechten geschieht. Wenn man die ersten beiden Kapitel phänomenologisch in Bezug auf das Menschenbild bzw. die damit verbunden Werte und die Stellung des Menschen in der Schöpfung reduziert, entsteht eine ähnliche Wesensstruktur wie bei den Menschenrechten. Dies ist ein Beweis der Nähe zwischen den Menschenrechten und den Werten des Christentums bzw. des Judentums.

---

153 Yachkaschi 1998.
154 Ebd.
155 Diese Bezeichnung möchte ich hier ebenso im Sinne von Max Schelers Anthropologie anwenden.

Menschenwürde
Die Menschenwürde wird in der Thora zu Beginn transzendent vor allem aus der
»Gottesebenbildlichkeit« bezogen (Genesis 1,27).

Gleichheit
In der Genesis nimmt der Mensch (Adam) seine Frau (Eva) als jemanden aus seiner
eigenen, nämlich menschlichen Kategorie wahr (Genesis 2,23).

Übergeordnete Ebene
Gott begegnet dem Menschen einerseits durch seine Schöpferkraft bzw. im
Schöpferakt als übergeordnete Instanz, andererseits als Gesetzgeber, der das
Anerkennen dieser höheren Ebene einfordert (Genesis 2,16).

Untergeordnete Ebene
Seitens des Schöpfers wurde dem Menschen geboten, über die untergeordnete Welt
der Tiere und Pflanzen zu herrschen (Genesis 1,26.28), sie aber gleichzeitig zu
bewahren (Genesis 2,5).

In dieser Kategorisierung der Thora ist festzustellen, dass dem Menschen eine
genau definierte »Stellung im Kosmos« zugewiesen wird. Sowohl in seiner Stellung
als auch in seiner Bestimmung und Beschreibung ist eine Nähe zum impliziten
Menschenbild der Menschenrechte zu erkennen. Wenn auch seine Entität nicht wie
in der Thora durch die Ebenbildlichkeit Gottes, sondern durch die prinzipielle
Unantastbarkeit seiner Würde begründet wird, sind die vier grundsätzlichen
Wesensstrukturen des anhand der Menschenrechte definierten Menschenbildes fast
identisch mit dem der Thora und darüber hinaus für die Anhänger der drei großen
monotheistischen Religionen auch religiös bindend. Die staatlich übergeordnete
Struktur wird zwar nicht in der Genesis thematisiert, aber durchaus später im Alten
Testament und vor allem im Neuen Testament (Römerbrief 13).

3. Gemeinsame Wurzeln von Thora und Koran [156]

Dass Christentum und Islam gemeinsame Wurzeln haben, ist anhand vieler Beispiele und Lehren aus der Bibel und dem Koran ersichtlich.[157] Inwieweit können
jedoch aus der Sicht des Korans die heiligen Bücher der Bibel als Autorität
herangezogen werden? Könnte man die Wesensstrukturen aus den ersten Kapiteln
des Buches Mose (Thora) ebenfalls auf Gläubige des Islams anwenden? Der Koran

---

156 Die Bücher Mose werden im Hebräischen auch »Thora« (Weisung, Belehrung, Gebot) genannt.
157 Vgl. auch Worschech 2011.

spricht in manchen Suren von der Schöpfung, jedoch nicht so detailliert und sukzessiv wie die Thora,[158] scheint sich aber auf die älteren Berichte der Thora zu beziehen. Die gläubigen Juden und Christen verstehen als Grundlage ihres Glaubens die Bücher des Alten Testaments. Was weniger zum Allgemeinwissen gehört, ist die Tatsache, dass auch der Koran in seinen fünf Glaubensgrundsätzen den Glauben an diese heiligen Bücher fordert:[159]

> Er hat das Buch mit der Wahrheit auf dich herabgesandt als Bestätigung dessen, was vor ihm war. Und Er hat die Thora und das Evangelium herabgesandt (Al-Ìmrán 3,3).

Die Thora, die aus den fünf Büchern Mose besteht, gehören im Koran zu den heiligen Büchern (vgl. Al-Anám 6,92; Al-Qasas 28,43) und überhaupt zu den ersten Schriften. Der Koran bezieht sich explizit auf die heiligen Bücher, die schon vor dem Koran existierten:

> Und vor ihm war schon das Buch von Moses eine Führung und Barmherzigkeit; und dies hier ist ein Buch der Bestätigung in arabischer Sprache, auf daß es diejenigen warne, die freveln, und denen eine frohe Botschaft (bringe), die Gutes tun (Al-Ahqáf 46,12; vgl. auch Al-Ala 87,18.19).

Die Bücher Mose werden im Koran auch das von Gott gegebene Kriterium genannt:

> Und wahrlich, Wir gaben Moses und Aaron die Unterscheidung als Licht und Ermahnung für die Gottesfürchtigen (Al-Anbiyá 21,48).

> Und denkt daran, daß Wir Moses das Buch gaben, sowie die Unterscheidung, auf daß ihr rechtgeleitet werden möget (Al-Baqarah 2;53).

Die Thora wird im Koran ebenso als Rechtleitung und Licht gesehen:

> Wir ließen ihnen Jesus, den Sohn der Maria, folgen; zur Bestätigung dessen, was vor ihm in der Thora war; und Wir gaben ihm das Evangelium, worin Rechtleitung und Licht war, zur Bestätigung dessen, was vor ihm in der Thora war und als Rechtleitung und Ermahnung für die Gottesfürchtigen (Al-Máedah 5:46).

---

158 Einige Beispiele von Schöpfungsberichten findet man in folgenden Suren (Kapiteln) und ihren Versen: 10:3; 21:30–33; 32:4–9; 42:9–11; 79:27. Während die meisten Beispiele Gottes Größe und Souveränität hervorheben, kann man in Sure 42,11 die Wesensstruktur der Gleichheit finden: »ER ist Der Schöpfer der Himmel und der Erde. ER machte für euch aus euch selbst Zweiheiten, sowie von den An'am Zweiheiten. ER läßt euch damit vermehren. Es gibt nichts Seinesgleichen! Und ER ist Der Allhörende, Der Allsehende«, in: Online-Kuran-Projekt: siehe http://www.al-quran.info/#&&sura=42&trans=de-amir_zaidan&show=both,quran-uthmani&format=rows&ver=1.00 (Zugriff: 15. 9. 2009).

159 Die folgenden Zitate des Korans werden aus dem Gutenberg-Projekt zitiert. Es soll hier betont werden, dass diese Zitate nur Übersetzungen sind; siehe http://gutenberg.spiegel.de/?id=5&xid=58&kapitel=1#gb_found (Zugriff: 9. 3. 2009).

Es ist so gesehen prinzipiell möglich, die Bücher Mose (Thora) auch im Sinne des Korans als heilige Bücher heranzuziehen, um sie als göttliche Weisung, Kriterium, Ermahnung, Rechtleitung und Licht für das Leben anzuwenden. Oder man könnte wie Yachkaschi versuchen, die Gleichheitsidee und die übrigen Wesenszüge der Moralität aus der islamischen Kultur oder direkt aus dem Koran heranzuziehen und somit die Heranwachsenden zu lehren, ihre Moralität mit den Moralvorstellungen der eigenen Religion auch auf die Medienwelten zu übertragen. Die Auseinandersetzung mit den vier Wesensstrukturen der Moralität mit der eigenen Religion zu fördern und mit den Medienwelten zu verbinden, muss jedoch von den jeweiligen eigenen Religionspädagogen gefördert werden. Zumindest für die drei großen monotheistischen Weltreligionen – wie gezeigt werden sollte – ist es gut möglich, dies pädagogisch auf der Grundlage der für sie heiligen Bücher des Alten Testaments umzusetzen.

6. Medienpädagogische Anwendung der vier Wesensstrukturen

Schon vor 15 Jahren formulierten die Kultusminister der Länder einen kreativ-kritischen Umgang mit den Medien als ein Bildungsideal von »hoher Priorität«, obwohl Medienkompetenz auch heute noch leider immer nur randständig behandelt wird.[160] Ein kreativ-kritischer Umgang mit Medien kann jedoch auf hohem Niveau nur erfolgen, wenn Kinder und Jugendliche sowohl Hintergrundinformationen zu Beeinflussungsmethoden und Marketingstrategien einerseits und eine universale Werteorientierung andererseits angeboten bekommen. Sie müssen lernen, Medieninhalte und Beeinflussungsmethoden mit ihren Moralvorstellungen in Beziehung zu setzen.
Die Vermittlung bzw. Anwendung der vier Wesensstrukturen des Menschenbildes sollte seitens der Menschenrechtskonventionen weder rechtspositivistisch noch religiös begründet aufgezwungen werden. Ganz im Sinne der Fachkonzepte[161] sollten gemeinsam mit den Heranwachsenden die hier aufgezeigten Wesensstrukturen der Moralvorstellungen erarbeitet werden. Ziel der werteorientierten Medienpädagogik ist es, eine innere (intrinsische) Einstellung bzw. Urteils- und Verhaltensbasis bei den Kindern und Jugendlichen zu schaffen. Dies ist nur möglich, wenn die vier Wesensstrukturen mit den universellen ethischen Vorstellungen bzw. den eigenen grundlegenden Moralkonstitutionen des Menschen übereinstimmen. Durch

---

160 Vgl. Süddeutsche Zeitung, 27. 10. 2010, S. 1.
161 Vgl. Richter 2010, S. 177. Konzepte bezeichnen hier »verallgemeinertes Wissen, das in verschiedenen Situationen anwendbar« und vom konzeptionellen Wissen (Faktenwissen) abgegrenzt ist. Das Ziel ist es, den Schülern Konzepte zu vermitteln, die sie zunehmend auf andere Bereiche übertragen können (vgl. ebd.).

phänomenologische Studien und Untersuchungen unterschiedlicher typischer Dilemma-Studien konnte festgestellt werden, dass mindestens die vier genannten Wesensstrukturen tatsächlich zum konstanten Kern der Moralkonstitution bzw. zu den Leitlinien der Moralentwicklung gehören.[162] Wenn dieses Postulat zutrifft, brauchten die vier Wesensstrukturen prinzipiell nicht von Grund auf gelernt zu werden, sondern – da sie bei Kindern latent vorhanden sind – nur durch gezielte pädagogische Prozesse aus ihrer moralischen Anlage geweckt und ins Bewusstsein gebracht werden. Der werteorientierte Medienpädagoge sollte in diesem Schritt versuchen, bei den Heranwachsenden eigene Wesensstrukturen der Moralvorstellungen zu provozieren und damit bewusst zu machen. Dieser Prozess kann selbstverständlich nur erfolgen, wenn das entsprechende Alter und die formal-operationale Denkfähigkeit schon vorhanden sind. Unser Zugang weist in den einzelnen Schritten eine gewisse Ähnlichkeit zu Golls vorgeschlagenen Arten der Wertevermittlung.[163]

6.1. Konkrete Umsetzung durch Gruppenarbeit und Gruppenspiele

Der moralische Prozess zur Bewusstwerdung der vier Wesensstrukturen der Moralität kann also ganz gezielt bei Kindern bzw. Jugendlichen provoziert werden. Meiner Erfahrung nach ist dies am besten durch Gruppenspiele zu erreichen, die durch ihre Aufgabenstellungen die Kinder bzw. Jugendlichen herausfordern.[164] Es handelt sich ähnlich wie bei Lawrence Kohlberg um Dilemma-Aufgaben und Spielaufgaben, die aber nicht auf einzelne Probleme beschränkt sind (wie zum Beispiel das bekannte Heinz-Dilemma), sondern auf das ganze System. Mensch, Mitmensch, Natur, Staat und Religion sind in ihre richtigen »gerechten« Relationen zu bringen. Das geht gut mit Fantasiespielen, in denen versucht wird, die Realität dieser Entitäten zu spiegeln. Der pädagogische Begleiter soll dabei durch Dilemma-Situationen auf die Problemfelder hinweisen. Auf diese Weise gelangen die Teilnehmer aus eigener Überzeugung immer näher an die vier Wesensstrukturen der Moralität.

---

162 Godina 2002.
163 Goll 2010, S. 22. Moralisches Lernen wird bei Goll auf vier grundsätzliche Ansätze reduziert: 1. auf Kohlbergs kognitionspsychologisch begründetes Moralkonzept, das stark mit Dilemma-Geschichten arbeitet und die Lernwirksamkeit durch die »just community« betont, 2. auf die kritische Politikdidaktik, die klassische Fragen der politischen Ordnung und ihrer Begründung fokussiert, 3. auf den Aspekt der Allgemeinbildung, in der Wertevermittlung reflexiv und als aktives Lernen erfolgen muss, und 4. auf das Konzept der Bürgertugenden, das als politische Bildung nicht in der moralischen Erziehung aufgeht, sondern in demokratischen Tugenden.
164 Richter (2010, S. 180) empfiehlt, ähnlich wie in unserem Ansatz in der Primarstufe, die Kinder mittels anschaulicher, aber auch fiktiver Geschichten an das Thema personaler Gerechtigkeit heranzuführen (vgl. auch Juchler 2010, S. 287 ff.).

Zunächst ist aber zu beachten, dass es zu einer Klärung der Begriffe wie zum Beispiel »Gerechtigkeit« kommt.[165] Die Heranwachsenden erleben durch die komplexen Aufgaben in Bezug auf eine gerechte Welt, dass sich die Gerechtigkeitsmaßstäbe mit den Regeln, nach denen sie suchen und die sie selbst zu formulieren versuchen, im Verlauf des Gruppenspieles immer mehr gleichen. Je mehr universale Grundgesetze definiert und unterschiedliche Problemfelder und Dilemmata diskutiert und philosophiert werden,[166] desto mehr nähert man sich den vier Wesenszügen der Moralität. Der Medienpädagoge wird hierbei nur als eine Art Geburtshelfer der Wesensstrukturen benötigt, der zum Beispiel schwierigere moralische Fragen einwirft, um die Jugendlichen anzuregen, hinter komplexen Problemen (eigene) gerechte universale Prinzipien zu begreifen. Der Wert »Würde des Menschen« kann beispielsweise aber auch mit grundlegenden Fragen provoziert werden: »Wie wünscht sich jeder von uns im tiefsten Inneren, von den anderen behandelt zu werden.«[167] Auf die Frage, welches die grundlegenden Werte des Menschseins sind, werden meistens sehr schnell Werte wie Leben, Freiheit, Sicherheit (vgl. Art. 3 der Allgemeinen Erklärung der Menschenrechte) genannt. Im nächsten Schritt werden diese Werte im Sinne der Egalität auf die Mitmenschen übertragen. Diese als gerecht empfundenen Grundordnungen finden schlussendlich auf die gesamte Welt, inklusive der Medienwelt, Anwendung.

Das gesamte pädagogische Konzept beinhaltet drei grundlegende Prozess-Schritte:

1. Die Heranwachsenden – oder auch Erwachsenen – sollen aktiv in Gruppen mit nur wenigen eigenen moralischen Grundordnungen (Minimalgesetz) eine gerechte und überlebensfähige Welt konstruieren.

2. Diese moralischen Grundordnungen werden dann auf das eigene, nichtmediale Alltagsleben angewendet.

3. Zum Abschluss können die eigenen moralischen Grundordnungen auf die Medienwelten (das eigene Medienverhalten bzw. der eigene Medienkonsum) übertragen werden.

Wie sieht dies konkret aus? Im Schulkontext im Heidelberg-Winnenden-Modell[168] der Medienscouts setzte unser Team es durch folgendes Spieldesign um: Mit dem Fantasiekonzept einer politisch neuen Weltordnung fordert man die Schüler heraus,

---

165 Ebd, S. 179.
166 Vgl. ebd.
167 In Analogie zur »Goldenen Regel«.
168 Das Heidelberg-Winnenden-Modell der Peer-to-peer-Education wurde 2009 nach dem Amoklauf von Winnenden entwickelt und zunächst auf dem Georg-Büchner-Gymnasium in Winnenden angewendet; siehe Godina, Grübele und Keidel 2010.

für diese neue Welt eine Art Minimalgesetz zu entwerfen, das eine gerechte Grundordnung garantieren soll und auf dem später andere Gesetze aufgebaut werden können. Durch dieses Grundkonzept fordert man die Kinder und Jugendlichen auf, sozusagen in ihre eigenen Gerechtigkeitsvorstellungen hineinzuhorchen und die Grundprinzipien ihrer Gerechtigkeitsvorstellungen in einer lockeren spielerischen und dennoch kognitiv anspruchsvollen Atmosphäre immer wieder zu hinterfragen und zu formulieren. Indem sie die dazugehörigen Schritte mit ihrer Gruppe reflektieren und diskutieren müssen, um einen Konsens über die wesentlichen Grundordnungen dieses Minimalgesetzes zu finden, wird ein phänomenologischer Reduktionsprozess eingeleitet, wonach sich die beständigsten (invariablen) Wesensstrukturen der Moralität natürlicherweise herauskristallisieren. Am Ende bleiben unserer Erfahrung nach vor allem die oben genannten universalen Wesensstrukturen der Moralität übrig. In vielen Beispielen konnten wir erleben, wie die sozialisations- und kulturrelativen Anteile der Moralvorstellungen in diesem Prozess schnell als untauglich beiseitegelassen wurden. Nach einiger Zeit wird in jeder Gruppe mit großer Wahrscheinlichkeit das Gesetz der »Gleichheit« benannt. Es werden auch Definitionen über die Kategorien Mensch, Staat oder Religion und Natur mit einer Aufstellung ähnlich der oben aufgezeigten folgen. Aus didaktischen Gründen versuchen wir, uns dieser Definition der Wesensstrukturen auch wie oben illustriert (vgl. Abb. 4) anzunähern.

Besonders wichtig erscheint mir dabei, darauf zu achten, dass die Selbstwahrnehmung der Kategorie Mensch als Referenzpunkt für das Egalitätsprinzip nicht zu kurz kommen darf. Erst in dem Moment, wenn beim Heranwachsenden die Selbstwahrnehmung der eigenen Bedürfnisse beispielsweise nach Freiheit, Sicherheit, Anerkennung im pädagogischen Setting feststellbar sind, ist es möglich, dies im Sinne des Egalitätsprinzips mit moralischem Empfinden auf den Mitmenschen pädagogisch gewinnbringend zu übertragen.

Je älter die Schüler sind, desto mehr können die Beispiele aus problematischen und politischen Kontexten entnommen werden, die ihnen aus ihrer Lebenswelt vertraut sind. Man könnte aber auch in Zusammenarbeit mit Deutsch- oder Geschichtsunterricht – wie Ingo Juchler – eine passende Lektüre als Lehrstück einsetzen.[169] Die Gruppenarbeit soll nicht zu ernst und verkopft wirken, sondern in einer entspannten Atmosphäre verlaufen.

Im Jugend-, aber auch schon im Kindesalter werden die Aufgaben in Form von echten problemorientierten Szenarien eines selbst regulierten Lernens formuliert. Die Anreicherung mit medial orientierten Lernstrategien in Verbindung mit den Goal-Based-Szenarios steigert die Motivation erheblich.[170] Es ist in diesem Sinne

---

169 Juchler 2010, S. 287–334 (zum Beispiel Dostojewskijs Großinquisitor).
170 Im Forschungsbereich der Lernmotivation bzw. in Untersuchungen zu »optimalen Bedingungen« in Lernprozessen setzt sich immer mehr die konstruktivistische Perspektive durch, wonach vor allem problemzentrierte Szenarien – die sich nicht mit Detailaufgaben, sondern durch größere Problem-

empfehlenswert, eine Aufgabe für kleine Gruppen (vier bis sechs Teilnehmer) anzubieten. Ein Goal-Based-Szenario könnte sein, dass man sich auf die Diskussion einer möglichen globalen Weltregierung bezieht und annimmt, diese würde tatsächlich ins Leben gerufen werden. Die Ausgangslage wäre aber, dass noch keine Gesetze und Werteeinigungen in dieser Welt zur Verfügung stehen und demnach die Notwendigkeit bestünde, zunächst einen Minimalkonsens herauszuarbeiten. Zunächst sollen die Schüler eine kleine Liste der Grundwerte bzw. Grundgüter dieser Welt entwickeln, die es zu schützen gilt.[171] Im zweiten Schritt sind diese Werte in Relation zueinander zu setzen. Im Sinne von Richter empfiehlt es sich, die Werte in eine Wertehierarchie durch einen Prozess diskursiver Konsensbildung einzufügen.[172] Diese Wertehierarchie mit ihren vier grundlegenden Relationen (vgl. Abb. 4) soll dann als Grundlage für die Entwicklung einzelner Gesetze dienen, die so weit wie möglich für alle Menschen, Rassen, Kulturen, Religionen und Persönlichkeitsstrukturen als gerecht, leicht nachvollziehbar und umsetzbar sind.

Hier ein Beispiel für einen Aufgabentext:

Definieren – Diskutieren – Finden eines Konsens

Nehmen wir an, es würde eine neue Weltregierung geben, für die noch keine gemeinsamen Wertedefinitionen, Gesetze oder irgendwelche Regeln formuliert wurden. Deine Gruppe kann einen Vorschlag machen, in dem die fünf wichtigsten Regeln als eine Art gerechtes Minimalgesetz bzw. eine Minimalordnung der neuen Regierung formuliert werden.
Um diese zu finden, müsst ihr euch darüber einigen, welches die wichtigsten Regeln im Leben sind.
Da wir sicher viele verschiedene Dinge in der Welt wertvoll finden, müsst ihr euch gemeinsam entscheiden, wer oder was in dieser Welt am Wichtigsten für das Zusammenleben aller ist.
Deshalb empfehlen wir eurer Gruppe, so vorzugehen:
Am besten, ihr versucht, die Aufgabe systematisch in einigen Teilaufgaben anzugehen: Zählt zuerst auf, was euch in der Welt ganz wichtig ist, also die Grundwerte/Grundgüter, die alle Menschen mehr oder weniger wertvoll finden und schützen sollten. Bedenkt dabei immer, dass es unterschiedliche Völker, Kulturen und Religionen in unserer Welt gibt. Erstellt jeweils eine Liste.

1. Aus welchen physikalisch sichtbaren wertvollen Phänomenen (Gütern/Werten) besteht unsere Welt?
(Denkt zum Beispiel an Menschen, Tiere, Pflanzen, anorganische Rohstoffe, Gebäude, elektronische Geräte, Denkmäler, Staat/Regierung etc.)

---

aspekte auszeichnen – integriert werden sollten. In den sogenannten Goal-Based-Szenarien (GBS) werden die passiv Lernenden zu aktiven Forschern, z. B. nehmen Schüler die Rolle eines kritischen Journalisten ein, der die Hintergründe eines Tankerunglücks untersucht. Interaktive mediale Hilfsmittel sind im Optimierungsprozess ebenso von Bedeutung (Ludwigs 2006, S. 135–144, vgl. Zumbach 2003).
171 Vergleichende theoretische Hintergrundkonzepte von Höffe (2004, S. 141).
172 Richter 2010, S. 180.

2. Aus welchen nichtphysikalischen, unsichtbaren, seelisch-ideellen Phänomenen besteht unser Leben?
(Hier sind gemeint zum Beispiel Meinungen, Recht, Religion, Kunst, menschliche Bedürfnisse etc.)

3. In welchen Relationen stehen die physikalischen Werte/Güter zueinander (was ist das Wichtigste)? Erstellt eine Prioritätenliste von physikalisch sichtbaren Werten/Gütern.

4. Das Gleiche soll mit den nichtphysikalischen Werten geschehen.

Die neue *minimale Weltordnung* soll durch einige wenige Gesetze die maximale Gerechtigkeit für das Ganze herstellen. Versucht nun, anhand der Prioritätenliste maximal fünf Regeln dieser *minimalen Grundordnung* aufzustellen, auf der eine neue gerechte Weltregierung basieren könnte.

Bei jüngeren Kindern bzw. Teenies ist es hilfreich, den Lernprozess in einer ihnen schon bekannten spielerischen Atmosphäre in altersgerechter Lebenswelt anzusiedeln. Wird dies im Religions-, Ethik- oder Konfirmandenunterricht oder in anderen außerschulischen und kirchlichen pädagogischen Zusammenhängen behandelt, ist es unserer Erfahrung nach durchaus empfehlenswert, ein kreativ-spielerisches Setting zu wählen. Es gibt unterschiedliche Möglichkeiten, dieses kreative Spiel aufzubauen:

1. Die Kinder können sich eine eigene Welt ausdenken. In diesem Fall würde man weniger die reale Welt mit ihren Interessenkonflikten hinterfragen, da sie den Teilnehmern zu unbekannt ist.

2. Man kann aber auch eine allen Teilnehmern bekannte Welt aus der Kindercomicliteratur als Modell benutzen, um für eine ziemlich überschaubare bekannte Welt die Menschenrechte zu entwickeln. Dafür eignet sich zum Beispiel die Comicwelt von »Asterix und Obelix«. Hier ist es dann sinnvoll, mit den Kindern während des Prozesses oder nach dem Spiel zu diskutieren, was die Grundwerte und Gesetze für die Gallier, Römer, Barbaren, Piraten, sogar für Idefix und die Wildschweine bedeuten würden.

3. Es ist auch möglich, das spielerische Setting zusätzlich durch einen Preis für die Siegergruppe zu verstärken.

Der Kreativität bei der Ausformulierung sind kaum Grenzen gesetzt. Wichtig ist lediglich, dass die Kinder herausgefordert werden, ihr Gerechtigkeitsempfinden und logisches Denken anzuwenden. Man soll als Lehrer, Pfarrer oder Medienpädagoge keinesfalls die Wesensstrukturen vorgeben, sondern muss warten, bis die Kinder sie selbst formulieren. In dem Sinne wird man nur begleitend in den moralischen Prozess eingreifen, indem man die Kinder ermutigt, die Aufgabenstellung systematisch anzugehen, und eventuelle Fragen im Sinne von Dilemma-Situationen nur dann an die Gruppe stellen, wenn man bemerkt, dass die Kinder die systemische Ebene der Gerechtigkeit übersehen.

Wenn die Heranwachsenden zu der Meinung gelangt sind, dass der einzelne Mensch als oberster Wert gesehen werden soll und von daher niemandem in der neuen Weltordnung untergeordnet ist, kann man als Pädagoge fragen, wie das realisiert werden könnte: »Ist es möglich, dieses Ideal in einer realistischen Welt anzuwenden, ohne dass es ein übergeordnetes Gesetz (durch den Staat) gibt?« oder »Müssen sich dem alle unterordnen?« Die Kinder verstehen sehr schnell, dass wir eine übergeordnete Instanz benötigen. Der Pädagoge hilft in diesem Sinn nur, die systemische Komplexität der ganzen Realität mit der Moralbildung in Verbindung zu bringen. Da die Heranwachsenden oftmals zunächst eine ideale Welt konstruieren, kann der Pädagoge auch Fragen in Form der realen Gesetzlosigkeit und Kriminalität bzw. des Missbrauchs der Freiheit aufführen, die sofort die Heranwachsenden dazu bringen werden, ein übergeordnetes Rechtssystem zu postulieren. Es könnte sein, dass die Kinder meinen, die Naturbewahrung gelte als oberstes Prinzip, da wir Menschen von ihr abhängig sind. Dies ist einerseits richtig, aber dennoch werden die Kinder die Natur nicht auf die gleiche Ebene stellen wie den Menschen. Es ist dann zielführend, Fragen zu Konfliktsituationen zu stellen, was die in jedem Menschen verankerte Moralität anspricht und die vorgenannten vier Wesensstrukturen bewusst werden lässt.

In eigener Forschungsarbeit habe ich mit Dilemma-Fragen experimentiert, die eine sehr deutliche Orientierung im Sinne der Wesensstrukturen zur Folge hatten und bestätigten, dass sich der Mensch im Extremfall doch als moralischer Superior wahrnimmt.[173] Die Prozesse des Hinterfragens und Verbesserns entstehen oft eigenständig innerhalb der Gruppe ohne weitere Anregungen durch den begleitenden Pädagogen.

Bei den jüngeren Kindern im Übergangsalter zum formal-operationalen Denken (etwa 8 bis 11 Jahre) macht es durchaus Sinn, Beispiele aus der Spielwelt anzubieten. Mag es sich dabei um das Beschäftigen mit einem Puppenhaus oder um ein Fußballspiel handeln – überall sind gewisse Regeln notwendig, die jeder beachten sollte, damit das Spielen Spaß macht. Man kann die Kinder erzählen lassen, wie es war, als sich einmal jemand in der Gruppe gar nicht an die Regeln halten wollte.

Wenn man diese Aufgaben mit Heranwachsenden in ein bis zwei Stunden begleitet und erarbeitet hat, wird man als Ethik- oder Religionslehrer feststellen, dass sich in der Reduktion der vielen Werte im Teenie-Alter oder auch bei den 8- bis 11-Jährigen immer wieder die vier Wesensstrukturen der Moralität als konstant und universell erweisen. Ebenso ist zu beobachten, dass die Kinder in den Übungsaufgaben diese Werte in immer wiederkehrenden Mustern von Ordnungsprinzipien formulieren. Die prinzipielle Gleichheit der Menschen wird fast nie ernsthaft

---

173 Godina 2002.

infrage gestellt, die Regierungsinstanzen jedoch immer wieder über die eigene menschliche Freiheit gesetzt. Die übrige Welt nimmt eine in Bezug auf den Menschen inferiore Stellung ein.

Erst jetzt könnte man – falls die Zeit und der Unterrichtsbezug es erlauben – die Ordnungsprinzipien, zum Beispiel das der Gleichheit, auch mit ausgesuchten Artikeln der Menschenrechts- oder Kinderrechtskonventionen oder religiösen Konzepten normativer Art besprechen.[174] Viel wichtiger ist es aber, die Wesensstrukturen der Moralität vor allem aus dem Moralempfinden der Heranwachsenden intrinsisch herauszuarbeiten.

Wenn die Kinder so weit sind, dass sie selbst dieses Wertesystem aus ihrem eigenen Moralempfinden systematisch geordnet und verstanden haben und in der Gruppe ein gewisser Konsens bezüglich der vier Wesensstrukturen wahrnehmbar ist, sollte man sich an Fragen ihrer praktischen Umsetzung im realen Leben herantasten.[175]

6.2. Moralische Überzeugungen verpflichten zur Verantwortung

Diese Phase der praktischen Umsetzung beginnt am Ende der Spiel- bzw. Wettbewerbsphase. Nun kann der Lehrer die Kinder oder Jugendlichen herausfordernd fragen, ob die von ihnen ausformulierten moralischen Ordnungsprinzipien so gerecht und gut sind, dass sie für ihr eigenes Leben geeignet wären. Wenn es zutrifft, dass es sich hier um eigene moralische Vorstellungen handelt, dann kann der Lehrer in der nächsten Unterrichtseinheit daran gehen, die Übertragung ins persönliche Leben zu erarbeiten.[176]

Bei diesem pädagogischen Schritt wird die Frage im Mittelpunkt stehen, wie sich jeder selbst gemäß seiner moralischen Grundüberzeugungen verhält. Hier kann der Lehrer die jetzt für diese Altersgruppe typischen moralisch-problematischen Konflikte zur Diskussion stellen, so zum Beispiel:

- Wenn ich doch überzeugt bin, dass jeder Mensch gleich wertvoll ist, weshalb verachte ich den, der keine coolen Klamotten trägt? Wir waren uns doch grundsätzlich darüber einig, dass jeder ein Ehrgefühl bzw. ein Bedürfnis nach einem guten Ruf hat. Wie verträgt sich das mit unserer Praxis in der Schule?

---

174 Eine vergleichbare Empfehlung gibt auch Richter 2010, S. 178. Optimal wäre es, wenn diese Aufgabenstellung in den Gemeinschafts- oder Geschichtsunterricht aufgenommen werden könnte.

175 Im Ethik- oder Religionsunterricht der Oberstufe wäre es auch hilfreich, am Thema der moralischen Urteilsbildung nach Kohlberg (2007) oder der religiösen Urteilsbildung nach Oser und Gmünder (2008) die dahinterliegenden Wesensstrukturen zu diskutieren (vgl. Godina 2002, S. 11–13).

176 In dieser Phase muss gewährleistet sein, dass die eigenen moralischen Werte mit moralischen Urteilen auf eine kognitive Ebene gebracht werden. Die Kinder müssen durch den kreativen Prozess kognitiv bei den Wesensstrukturen der Moralität angelangen.

- Wenn ich den Staat als übergeordnete Instanz für die Gewährleistung unserer Sicherheit als wichtig betrachte, wäre es dann nicht nötig, sich zum Beispiel mit ihm auseinanderzusetzen und auch wählen zu gehen?

- Wenn jeder Mensch die Freiheit hat, zu glauben, was er will, weshalb machen sich manche Menschen lustig über die Religion der anderen? Wenn ich den Wunsch habe, in meiner Religion oder mit meiner Meinung nicht ausgelacht und verachtet zu werden, weshalb billige ich das im Sinne der Gleichheit nicht dem anderen zu?

Wichtig ist an dieser Stelle, dass die als gerecht angesehenen Wesensstrukturen der Moralität auch eine konkrete persönliche Verantwortung nach sich ziehen. Die Kinder und Jugendlichen können jetzt das eigene moralische Urteil mit der daraus resultierenden persönlichen moralischen Verantwortung verbinden.

6.3. Übertragung der Wertestrukturen auf die virtuellen Welten

Es ist dann nur noch ein kleinerer Schritt bis zum dritten und finalen Teil der werteorientierten Medienpädagogik. Da die Medienwelt ein Teil unserer Lebenswelt ist, können die eigenen Wertestrukturen auch hierauf übertragen werden.

Mit der Frage nach medialen Gewaltinhalten zu beginnen, macht kaum Sinn, denn auf die naheliegende Frage, ob es in Ordnung sei, virtuelle Gewalt zu betreiben, haben die meisten Fans von Computergewaltspielen schon längst Antworten als Schutzmechanismen und moralische Verteidigungsstrategien parat. Da dies ein Feld ist, das viele Jugendliche und Erwachsene schon betreten haben, werden sie diese Gewohnheiten verteidigen. Diese Gewohnheiten sind meiner Erfahrung nach in den meisten Fällen nicht sehr stabil. Trotzdem ist es wichtig, dass sich niemand angegriffen fühlt, da dies nur Aggressionen und Verteidigungsverhalten hervorrufen würde. Wenn so etwas geschieht, ist meistens keine echte Offenheit für spontan erlebte moralische Einsichten vorhanden und der pädagogische Gruppenprozess kann gestört werden.

Ich empfehle vielmehr, mit einigen anderen Beispielen moralischer Übertretungen im realen und virtuellen Raum zu beginnen, um durch weniger provokante Fragen moralische Grundentscheidungen zu fördern.[177] Hier nur einige wenige Anregungen:

---

177 Als ich in Winnenden einige Wochen nach dem Amoklauf auf den Straßen mit Jugendlichen über Gewaltspiele ins Gespräch kam, war es interessant, wie sich manche Jugendliche gründlich vorbereiteten hatten, um dennoch auch brutalste menschenverachtende Gewaltspiele moralisch zu legitimieren mit dem Argument, es handele sich nur um Fiktion. Es kam vor, dass sie mir offenlegten, dass sie im Moment aus Solidaritätsgründen zu den Geschehnissen abstinent seien, jedoch grund-

- Wenn wir in den Stunden zuvor festgestellt haben, dass man nie eine Rasse über die andere stellen darf (wie es zum Beispiel die Nazis getan haben), da dies dem Gleichheitsgesetz widerspricht, wäre es in Ordnung, wenn wir so etwas in Computerspielen kultivieren?

- Wäre es zum Beispiel in Ordnung, wenn man eine Zeitschrift oder einen Film herstellen würde, in dem man sich über gesellschaftliche Minderheiten, wie beispielsweise Behinderte oder die Zeugen Jehovas (auch wenn dies nur virtuelle Personen sind) lustig machen würde?[178]

- Tierquälerei ist bekanntlich für die meisten Kinder und Jugendlichen etwas Furchtbares. Wenn man zum Beispiel Robben aus reiner Profitgier erschlägt, um an ihren Pelz zu kommen, werden die meisten wahrscheinlich aus ihrem Moralempfinden heraus dagegen sein. Aber wäre es in Ordnung, wenn wir ein brutales Spiel wie »Robben erschlagen« oder »Pelzjagd« erfinden würden, da es sich ja dabei um keine realen Robben handelt?

- Was haltet ihr davon, ein Computerspiel zu programmieren, in dem es um Kinderpornografie oder Kindersklaverei geht?

Spätestens bei der Frage zur Kinderpornografie oder Kindersklaverei wird die virtuelle Legitimation von unmoralischem Handeln stark negativ beurteilt werden. Meiner Erfahrung nach wird kaum jemand im Jugendalter dies von seinem moralischen Empfinden her gutheißen, da dieses Tabu im Gegensatz zu den vorherigen Themen in der Gesellschaft noch nicht wirklich beseitigt wurde. Mit solchen Beispielen und vielen anderen lebensweltnahen Szenarien verstärkt sich durch kognitive Prozesse eine Art Empfinden, das zu dem Urteil führt, dass manche Untaten auch virtuell nicht legitimiert werden sollten. Dies bedeutet, dass die Kinder und Jugendlichen durchaus anerkennen, dass moralische Gesetze nicht erst in der Realität, sondern auch in virtuellen Bereichen Relevanz besitzen. Nun ist der Zeitpunkt gekommen, zu fragen, wieso wir dann Spiele spielen, in denen wir andere Menschen töten, in Stücke schlagen, Freude am Blutspritzen haben etc. Ist es schrecklicher, Tiere zu massakrieren als Menschen? Ist es

---

sätzlich diese Spiele moralisch legitimieren könnten. Ich konnte auch ein größeres Aggressions-potenzial erleben, wenn ich die moralische Legitimation hinterfragte.

178 Man kann davon ausgehen, dass unter anderem Argumente in die Diskussion gelangen, die so lauten: Reale Homosexuelle, Behinderte oder auch Zeugen Jehovas könnten sich in ihren Gefühlen verletzt fühlen oder sogar Ängste erleiden – und dass man dies auch in der Realität so sieht. Wenn dieses Argument aufkommt, sollte man es verstärken und notieren, um es später in Bezug auf Gewaltspiele anzuwenden. Denn auch hier könnte es sein, dass sich reale Menschen nicht wohlfühlen und Ängste vor Menschen bekommen, die Freude daran haben, virtuelle Menschen zu töten oder gar zu massakrieren.

schrecklicher, sich über fiktive Menschen unterschiedlicher Minderheiten lustig zu machen, als Menschen in Computerspielen zu töten? Nun ist möglicherweise die Atmosphäre gegeben, dass die Frage gestellt werden kann, ob es nicht sein könnte, dass wir bei Gewaltspielen, brutalen Filmen oder Musik kein moralisches Empfinden zeigen, weil wir uns in den letzten zwei Jahrzehnten schrittweise durch intensiven und lang andauernden Mediengebrauch einfach daran gewöhnt haben? Die Schüler konnten durch die Systematik der Fragestellungen und des Vergleichs feststellen, dass das Argument der Fiktion (»ist ja nur fiktiv«) in anderen Bereichen (zum Beispiel Kinderpornografie) nicht greift. Sie haben ebenso festgestellt, dass im Fall der kommerziellen Gewaltspiele in der Fiktion weitergegangen wird als in den genannten Beispielen, die sogar im fiktiven Bereich als unmoralisch bewertet werden.

Jetzt ist die weitere Frage zur Diskussion zu stellen, ob es im Fall zum Beispiel der Gewaltvideos und -spiele nicht zu einer langsamen systematischen Verdrängung oder gar Abstumpfung gekommen ist? Nun kann den Schülern aus psychologischer Sicht etwas über Gewöhnungs- und Abstumpfungsprozesse erzählt werden.

Man sollte aber keineswegs beim Thema Moral und Virtualität in den Gewaltspielen stehen bleiben, sondern auch ganz andere medial fragwürdige Themen angehen, wie zum Beispiel:

- Betrachtung von Frauen als reine Sexualobjekte (Manga, Zeitschriften, Musikvideos),

- Anschauen von Reportagen oder Unterhaltungssendungen, in denen sich Menschen würdelos verhalten, ihr Ehrgefühl und ihr guter Ruf geschädigt werden,

- Verkauf bzw. Werbung mittels subliminaler Religionsstrategien (Starkult, roter Teppich, Mythosmarketing),[179]

- Art der Berichterstattung in den Nachrichten (zum Beispiel in den Bildern).

Ziel ist es, dass die Schüler anhand der bewusst gemachten moralischen Grundordnung und Verbindung zu den Menschenrechten nun die Medienrealität zu prüfen lernen und sich die Frage stellen, ob sie auf der fiktiv-medialen Ebene permanent ihre moralischen Empfindungen und Überzeugungen folgenlos übertreten können. Wirkungsvoll ist, das Bild der vier Wesensstrukturen in einer Computerpräsentation zu zeigen und danach schrittweise zum Grundschema konkrete fragwürdige Medieninhalte hinzuzufügen. Damit sehen die Jugendlichen plastisch die Verbindung bzw. das Nichtharmonieren zwischen ihren grundlegenden Moralvorstellungen und mancher Praxis in der Medienwelt:

---

179 Siehe Godina 2007.

1. Die Jugendlichen merken, dass es nicht wirklich konsequent ist, einerseits an die prinzipielle Gleichheit von Menschen zu glauben, aber in der Freizeit permanent dieser Überzeugung zu widersprechen, indem man in Computerspielen virtuelle Menschen und Wesen bis zur totalen Zerstörung angreift oder entsprechende Filme konsumiert.

2. Werden in der Computerpräsentation passende Bilder des Starkults in das obere Rechteck (siehe Abb. 4) der Computerpräsentation projiziert und darüber gesprochen, verstehen die Heranwachsenden zunehmend den Zusammenhang, dass einige Menschen tatsächlich behandelt und verehrt werden wie Übermenschen oder gottähnliche Wesen.

3. Werden sexistische Bilder aus der Mangawelt oder Werbeindustrie in das untere Rechteck projiziert (siehe Abb. 4), stellen sie fest, dass in solchen Medienformaten eine Frau bzw. ein Mädchen in erster Linie nur Fleisch bzw. Körper darstellt, mit dem andere Menschen fast alles machen können.

In jedem Fall sollten Bilder im Sinne von Bildzitaten projiziert und besprochen werden, die bei der Zielgruppe der Jugendlichen einen gewissen Bekanntheits- und Aktualitätsgrad haben.

Zum Schluss der Einheit kann der Lehrer oder Religionspädagoge der drei monotheistischen Religionen die Teilnehmer einladen, grundsätzlich und ähnlich wie im virtuellen Bereich, auf das eigene Moralempfinden zu achten.[180] Seine volle Effektivität wird der Appell jedoch nur erreichen, wenn der Pädagoge in seiner Vorbildfunktion authentisch erscheint und vielleicht sogar davon berichten kann, dass er sich selbst entschieden hat, manches aus Gründen moralischer Sensibilität zu unterlassen.

Zu dem bisher dargestellten Teil der praktischen Anwendungen gibt es zusätzlich ein ausführliches Lernkonzept im Sinne des »Blended-learnings«, über das man beim Institut für kulturrelevante Kommunikation und Wertebildung bzw. der Akademie für lebenslanges Lernen und der Internetseite der Medienscouts Näheres erfahren kann.[181]

Wie schon gesagt, geht es bei unserem Ansatz nicht um die Verteufelung der Medien, sondern um ein bewusstes Abwägen, was man aus eigenen moralischen Gründen ansehen oder nicht konsumieren möchte. Die latent vorhandenen Moralvorstellungen, die im pädagogischen Prozess in vier Grundordnungen kognitiv bewusst gemacht und verankert wurden, sollen den Kindern und Jugendlichen zu

---

180 Es wird kaum jemand von den Kindern und Jugendlichen anzweifeln, dass unser moralisches Inventar im medial-virtuellen Bereich nicht in ähnlicher Weise involviert sein kann wie in der Realität. Man sollte dabei nur auf manche Inhalte in Filmen hinweisen, wo man mit dem Benachteiligten miteifert oder sich beim Sieg der Gerechtigkeit wohlfühlt.

181 www.iku-institut.de; www.lifetime-learning.de; www.school-meets-media.de.

ihrer persönlichen Moralempfindung eine integrierte kognitive Stütze sein, mit deren Hilfe sie sich sowohl im realen als auch im virtuellen Leben bewusst hinterfragen und moralisch positionieren können. Dennoch wird der Weg der werteorientierten Pädagogik nicht bei dem Ansatz stehen bleiben, lediglich Negatives zu hinterfragen und aufzudecken, sondern er will vielmehr zu moralisch positiven Aktivitäten führen, wie in den nächsten Kapiteln aufgezeigt wird.

Literatur

Altmeppen, Klaus-Dieter: »Ökonomisierung aus organisationssoziologischer Perspektive.« In: *Medien & Kommunikationswissenschaften* (2001), Baden-Baden, S. 195–205 (Themenheft: »Ökonomisierung der Medienindustrie: Ursachen, Formen und Folgen«, hrsg. von Otfried Jarren und Werner A. Meier).

Baacke, Dieter: *Medienpädagogik.* Tübingen 1997.

Bänsch, Axel: *Käuferverhalten.* München 1998.

Bauer, Hans H., Gregor Stockburger und Maik Hammerschmidt: *Marketing Performance. Messen – Analysieren – Optimieren.* Wiesbaden 2006.

Beck, Ingo, und Björn Sven Ivens: *Erfolgsfaktoren und Barrieren bei der CRM Implementierung: Eine Meta-Analyse empirischer Studien.* Erlangen-Nürnberg 2006.

Beck, Ulrich: *Macht und Gegenmacht im globalen Zeitalter. Neue weltpolitische Ökonomie.* Frankfurt am Main 2002.

Becker, Jochen: *Marketing-Konzeption. Grundlagen des zielstrategischen und operativen Marketing-Managements.* München 2000.

Behrenbeck, Sabine: *Kult um die toten Helden.* Köln 1996a.

Behrenbeck, Sabine: »›Der Führer‹ Die Einführung eines politischen Markenartikels«. In: Gerald Diesener, Gerald und Rainer Gries (Hrsg.): *Propaganda in Deutschland. Zur Geschichte der politischen Massenbeeinflussung im 20. Jahrhundert.* Darmstadt 1996b, S. 51–87.

Berauer, Wilfried, und Petra Schwarzweller: »Die Zielgruppe, quantitative Auswertung«. In: *Medienkompetenz und Jugendschutz* III – MBWJK/FSK (2009), S. 19–29.

Bergmann, Wolfgang, und Gerald Hüther: *Computersüchtig. Kinder im Sog der modernen Medien.* Weinheim 2006.

Bertram, Jürgen: *Mattscheibe. Das Ende der Fernsehkultur.* Frankfurt am Main 2006.

Bruhn, Manfred: *Marketing. Grundlagen für Studium und Praxis.* Wiesbaden 2004.

Bruhn, Manfred, und Christian Homburg: *Gabler-Lexikon Marketing.* Wiesbaden 2004.

Bühl, Walter L., und Günter Dürig: »Gleichheit«. In: *Staatslexikon,* Bd. 7,2. Freiburg 1986, Sp. 1065–1073.

Carle, Ursula, und Astrid Kaiser (Hrsg.): *Rechte der Kinder.* Hohengehren 1998.

Computerspieleindustrie und Bundeszentrale für politische Bildung. Publikation des kriminologischen Forschungsinstituts Niedersachsen e.V. (05/2008).

Demmerling, Thomas, und Christoph Rentsch: *Die Gegenwart der Gerechtigkeit. Diskurse zwischen Recht, praktischer Philosophie und Politik*. Berlin 1995.

Einsiedel, Eckehard, Peter C. Singer, Harald Schlitt und Götz Schönefuß: »Integration und Evaluation therapeutischen Handels. Vorschläge für eine eigenständige universitäre psychotherapeutische Ausbildung«. In: Rudolf F. Wagner und Peter Becker (Hrsg.): *Allgemeine Psychotherapie. Neue Ansätze zu einer Integration psychotherapeutischer Schulen*. Göttingen 1999, S. 15–42.

Esser, Andrea: »Formatiertes Fernsehen«. In: *Media-Perspektiven* (2000), Heft 11.

Friedrichs, Michael-Peter (Hrsg.): Edition »Ich klage an!« Das Lehrbuch: *Menschenrechte im Unterricht*. München 2002.

Fuhs, Burkhard: »Jugendschutz im Dialog«, In: *Medienkompetenz und Jugendschutz* III – MBWJK/FSK, 2009, S. 74–76.

Funiok, Rüdiger: »Medienethik«. In: Jürgen Hüther und Bernd Schorb (Hrsg.): *Grundbegriffe Medienpädagogik*. München 2005.

Funke, Joachim: *Problemlösendes Denken*. Stuttgart 2003.

Gangloff, Tilman P. »Völlig überflüssig. Pädagogen warnen vor Baby TV«. In: Freiwillige Selbstkontrolle Fernsehen (Hrsg.): *TV-Diskurs – Verantwortung in audiovisuellen Medien* (2006), Heft 36, Baden-Baden, S. 78–79.

Gierl, Heribert, Sandra Reich: »Imagery – Forschung als Bereich der Kommunikationsforschung«. In: Alexander Haas und Björn Sven Ivens (Hrsg): *Innovatives Marketing. Entscheidungsfelder – Management – Instrumente*. Wiesbaden 2005, S. 97–111.

Giesler, Markus: »Blick ins Hirn der Konsumenten«, 2005. In: http://www.manager-magazin.de/it/artikel/0,2828,338448,00.html (Teil 1 und 2 – Zugriff: 25. 10. 2010).

Gleich, Uli: »Neuromarketing – Methoden und Befunde«. In: *Media Perspektiven* (2010) 6, S. 326–330.

Godina, Bojan: *Unsichtbare Religion des subliminalen Marketings. Ein epochaltypischer Beitrag zur Medienbildung*. Heidelberger Dissertation, Berlin 2007.

Godina, Bojan: »Wesensstrukturen der Moralkonstitution«. Unveröffentlichte Magisterarbeit im Fach Soziale Verhaltenswissenschaften. Theologische Hochschule Friedensau 2002.

Godina, Bojan, Harald Grübele und Leo Keidel: »Jugendliche als Medienscouts«. In: Hans-Jürgen Kerner und Erich Marks (Hrsg.): *Internetdokumentation des Deutschen Präventionstages*. Hannover 2010, www.praeventionstag.de/Dokumentation.cms/908.

Götz, Maya: »Fernsehen von -0,5 bis 5«. *Television* 20 (2007) 1, S. 12–17.

Götz, Oliver, Wayne D. Hoyer, Manfred Krafft und Werner Reinartz: »Determinanten einer erfolgreichen CRM-Implementierung.« In: Alexander Haas, Alexander und Björn Sven Ivens (Hrsg): *Innovatives Marketing. Entscheidungsfelder – Management – Instrumente*. Wiesbaden 2005, S. 215–231.

Goll, Thomas: »Werteordnung und Wertevermittlung im Politikunterricht«. In: *Freiheit, Gleichheit. Werteordnung und Wertevermittlung*. Bundeszentrale für politische Bildung, Bonn 2010, S. 9–26.

Grell, Petra, Winfried Marotzki und Heidi Schelhowe (Hrsg.): *Neue digitale Kultur- und Bildungsräume*. Wiesbaden 2010.

Grossarth-Maticek, Ronald: *Synergetische Präventivmedizin. Forschungsstrategien für Gesundheit*. Heidelberg 2008.

Grümme, Bernhard: »Der Beitrag des Religionsunterrichts zur Grundwertedebatte«. In: *Freiheit, Gleichheit. Werteordnung und Wertevermittlung*. Bundeszentrale für politische Bildung, Bonn 2010.

Heinrich, Jürgen: »Strukturwandel in der Medienlandschaft«. Veranstaltungsdokumentation März 2006. Sektion 6: Markt und Macht – Strukturwandel des Medienmarktes und des Medienangebotes. In: http://www.bpb.de/veranstaltungen/XHS840,1,0,Sektion_6%3A_Markt_und_Macht_%96_Strukt urwandel_des_Medienmarktes_und_des_Medienangebotes.html#art1 (Zugriff: 10. 3. 2007).

Helm, Roland: *Marketing*. Stuttgart 2003.

Heuermann, Hartmut, und Matthias Kuzina: *Gefährliche Musen. Medienmacht und Medienmissbrauch*. Stuttgart 1995.

Hinkmann, Jens: *Ethik der Menschenrechte. Eine Studie zur philosophischen Begründung von Menschenrechten als universalen Normen*. Marburg 2002.

Höffe, Otfried: *Wirtschaftsbürger, Staatsbürger, Weltbürger. Politische Ethik im Zeitalter der Globalisierung*. München 2004.

Höffe, Otfried: »Transzendentaler Tausch – eine Legitimationsfigur für Menschenrechte?«. In: Georg Lohmann und Stefan Gosepath (Hrsg.): *Philosophie der Menschenrechte*. Frankfurt am Main 1998, S. 29–47.

Hüther, Jürgen, und Bernd Schorb (Hrsg.): *Grundbegriffe Medienpädagogik*. München 2005.

Juchler, Ingo: »Menschenwürde, Freiheit und Gleichheit – Dostojewskijs Großinquisitor als Lehrstück«. In: *Freiheit, Gleichheit. Werteordnung und Wertevermittlung*. Bundeszentrale für politische Bildung. Bonn 2010.

Kalupner, Sibylle: »Die Kultur der Menschenrechte – Eine Bestandsaufnahme aus philosophischer Sicht«. In: *MRM – Menschen-Rechts-Magazin* (2004), Heft 2, S. 129–140.

Kenning, Peter, Michael Deppe, Wolfram Schwindt, Harald Kugel und Hilke Plassmann: »Wie eine starke Marke wirkt.« In: *Harvard Business Manager* (2005), Nr. 3, S. 53–57.

Kohlberg, Lawrence: *Die Psychologie der Moralentwicklung*. Frankfurt am Main 2007.

Kotler, Philip, Gary Armstrong, John Saunders und Veronica Wong: *Grundlagen des Marketing*. München 2003.

Kroeber-Riel, Werner, und Peter Weinberg: *Konsumentenverhalten*. München 1999.

Küllertz, Daniela: »Medienkunst als Medienbildungsraum an der Schnittstelle von Wissenschaft und Öffentlichkeit.« In: Petra Grell, Winfried Marotzki und Heidi Schelhowe (Hrsg.): *Neue digitale Kultur- und Bildungsräume*. Wiesbaden 2010, S. 169–198.

Kümmel, Volkmar: »Unternehmensethik – Pflichtfach an Hochschulen?!« In: Kurt W. Schönherr und Wolfgang Sigg: *Welt im Wandel. Perspektiven der Gesellschaft und der Ökonomie*. Scheidegg 2007, S . 101–113.

Lenhart, Volker: *Pädagogik der Menschenrechte*. Wiesbaden 2006.

Lohmann, Georg, und Stefan Gosepath (Hrsg.): *Philosophie der Menschenrechte*. Frankfurt am Main 1998.

Ludwigs, Stefan: »Mensch, das macht Spaß!«. In: Stefan Ludwigs, Ulrike Timmler und Martin Tilke: *Praxisbuch E-Learning*. Bielefeld 2006.

Mander, Jerry: *Schafft das Fernsehen ab. Eine Streitschrift gegen das Leben aus zweiter Hand*. Reinbek 1979.

Mangold, R.: »Zum Einsatz hirndiagnostischer Verfahren bei der Untersuchung kognitiver und insbesondere emotionaler Medienwirkungen«. In: *Medienpsychologie* 11 (1999), Nr. 2, S. 121–142.

McClure, C. M., und J. Li et al.: »Neural Correlates of Behavioral Preference for Culturally Familiar Drinks.« In: *Neuron* (2004), Nr. 44, S. 379–387.

Medienkompetenz und Jugendschutz III – MBWJK/FSK, 2009.

Meffert, Heribert: *Marketing. Grundlagen der Absatzpolitik.* Wiesbaden 2000.

Meier, Petra, und Verena Weigand: »Gewalt wird immer deutlicher und detaillierter dargestellt. Gespräch zwischen Verena Weigand und Petra Meier«. In: *Computerspiele – eine Herausforderung für die Gesellschaft.* Hrsg. von der Kommission für Jugendmedienschutz der Landesmedienanstalten (KJM), München 2010.

Müller, Steffen: *Bonusprogramme als Instrumente des Beziehungsmarketing – Eine theoretische und empirische Analyse.* Nürnberg 2006.

Nieschlag, Robert, Erwin Dichtl und Hans Hörschgen: *Marketing.* Berlin 2002.

Oser, Fritz, und Paul Gmünder: *Die Theorie der Entwicklung des religiösen Urteils. Darstellung und Diskussion eines multidisziplinären Ansatzes.* Berlin 2008.

Pfeiffer, Christian: *Ein schlechtes Buch und ein massiver Plagiatsvorwurf.* Resultat einer problematischen Kooperation der Fachhochschule Köln mit zwei Firmen der Computerspielindustrie und der Bundeszentrale für politische Bildung, Frankfurt 2010. Siehe http://www.kfn.de/versions/kfn/assets/ Ein%20schlechtes%20Buch%20und%20ein%20massiver%2ßPlagiatsvorwurf.pdf (Zugriff: 20. 1. 2011).

Pirner, Manfred L., Matthias Rath (Hrsg.): *Homo medialis. Perspektiven und Probleme einer Anthropologie der Medien.* München 2003.

Postman, Neil: *Das Verschwinden der Kindheit.* Frankfurt am Main 1983.

Rawls, John: »The Idea of an Overlapping Consensus«. In: *Oxford Journal of Legal Studies,* Vol. 7, No. 1, (Spring 1987), S. 1–25.

Rawls, John: *Eine Theorie der Gerechtigkeit.* Frankfurt am Main 1979.

Reuter, Hans-Richard (Hrsg.): *Zum Streit um die Universalität einer Idee* I, Tübingen 1999.

Richter, Dagmar: »Freiheit, Gleichheit, Gerechtigkeit – Kompetenzorientierte Vermittlung in der Primarstufe.« In: *Freiheit, Gleichheit. Werteordnung und Wertevermittlung.* Bundeszentrale für politische Bildung, Bonn 2010, S. 175–196.

Ridder, Christa-Maria, und Bernhard Engel: Massenkommunikation 2010: Funktionen und Images der Medien im Vergleich. Ergebnisse der 10. Welle der ARD-/ZDF-Langzeitstudie zur Mediennutzung und -bewertung. Frankfurt am Main 2010.

Ring, Wolf-Dieter: »Medienrecht«. In: Jürgen Hüther und Bernd Schorb (Hrsg.): *Grundbegriffe Medienpädagogik.* München 2005, S. 288–294.

Sander, Uwe, Friederike von Gross und Kai-Uwe Hugger (Hrsg.): *Handbuch Medienpädagogik.* Wiesbaden 2008.

Scheier, Christian: *Wie Werbung wirkt.* Freiburg i. Br. 2006.

Scheler, Max: *Die Stellung des Menschen im Kosmos.* Bonn 1988 (Orig. 1928).

Schicha, Christian: »Kritische Medientheorie«. In: Uwe Sander, Friederike von Gross, Kai-Uwe Hugger (Hrsg.): *Handbuch Medienpädagogik.* Wiesbaden 2008, S. 185–1991.

Schönherr, Kurt W.: »Der gesellschaftliche Wertewandel. Ursachen und Wirkungen der Verhaltensweisen der Menschen in der Gesellschaft«. In: Kurt W. Schönherr und Wolfgang Sigg: *Welt im Wandel. Perspektiven der Gesellschaft und der Ökonomie.* Scheidegg 2007, S. 180–193.

Schönherr, Kurt W., und Wolfgang Sigg: »Curriculum der wirtschafts- und verwaltungswissenschaftlichen Fakultät«. In: Kurt W. Schönherr und Wolfgang Sigg: *Welt im Wandel. Perspektiven der Gesellschaft und der Ökonomie.* Scheidegg 2007, S. 10–26.

Schorb, Bernd: »Handlungsorientierte Medienpädagogik«. In: Uwe Sander, Friederike von Gross, Kai-Uwe Hugger (Hrsg.): *Handbuch Medienpädagogik.* Wiesbaden 2008, S. 75–86.

Seeler, Jürgen M.: »Ethik als unternehmerischer Erfolgsfaktor. Kundennähe und Mitarbeiteridentifikation als Erfolgsfaktor kleiner und mittlerer Unternehmen«. In: Kurt W. Schönherr und Wolfgang Sigg: *Welt im Wandel. Perspektiven der Gesellschaft und der Ökonomie.* Scheidegg 2007, S. 61–81.

Stadik, Michael: »Wo Kinder noch ernst genommen werden«. In: *W & V* (Werben und Verkaufen). Das gemeinsame Supplement zum Deutschen Werbekongress von *w & v, Süddeutscher Zeitung, Media & Marketing* und *Der Kontakter.* München 2002, S. 60–66.

Walzer, Michael: *Sphären der Gerechtigkeit. Ein Plädoyer für Pluralität und Gleichheit.* Frankfurt am Main 2006.

Walzer, Michael: *Lokale Kritik – globale Standards.* Hamburg 1996.

Weinberg, Peter, und Sandra Diehl: »Kognitive Konsumentenverhaltensforschung«. In: Alexander Haas und Björn Sven Ivens (Hrsg): *Innovatives Marketing. Entscheidungsfelder – Management – Instrumente.* Wiesbaden 2005, S. 75–94.

Weis, Hans Christian: *Marketing.* Ludwigshafen 2007.

Winn, Marie: *Die Droge im Wohnzimmer.* Hamburg 1984.

Winterhoff-Spurk, Peter: *Kalte Herzen. Wie das Fernsehen unseren Charakter formt.* Stuttgart 2004.

Winterhoff-Spurk, Peter: *Fernsehen. Psychologische Befunde zur Medienwirkung.* Bern 1996.

Wiswede, Günter: *Motivation und Verbraucherverhalten.* München 1973.

Worschech, Udo: *»Ich will Ismael segnen«. Gemeinsame Wurzeln in Christentum und Islam.* Frankfurt am Main 2011.

Yachkaschi, Ali: »Menschenrechte – Privileg westlich-christlicher Kultur?«. In: Internationale Politik (1998) Nr. 7, http://www.internationalepolitik.de (Zugriff: 26. 5. 2010).

Zollondz, Hans-Dieter: *Grundlagen Marketing.* Berlin 2005.

Zumbach, Jörg, und Peter Reimann: »Computerunterstütztes fallbasiertes Lernen: Goal-Based Scenarios und Problem-Based Learning«. In: Frank Thissen (Hrsg.): *Multimedia-Didaktik.* Heidelberg 2003.

Die Kinderfilmserie »Matty, der kleine Grashalm«

Harald Grübele und Patric P. Kutscher

1. Das Anliegen der Kinderfilmserie

Mit der Kinderfilmserie »Matty, der kleine Grashalm« sollen Zeichen in Richtung einer medialen Werteorientierung gesetzt werden. Üblicherweise stehen im Filmentstehungsprozess viele Produktionsfragen wirtschaftlich-technischer und selbstverständlich inhaltlicher Art im Vordergrund. Der Text vermittelt die Werte, die dem Drehbuchautor wichtig sind und die er in die Helden hineinprojiziert. Sie werden bestenfalls durch eine adäquate Regiearbeit ergänzt. In diesem Filmprojekt sind ethische Werte, Menschenrechte, entwicklungspsychologische Aspekte und umweltsystemische Überlegungen von der Grundkonzeption an in den Mittelpunkt aller Überlegungen gestellt und als eigentliches Projektziel formuliert worden. Von daher werden von der Drehbucharbeit bis hin zur filmisch-technischen Umsetzung alle Aspekte der Arbeit auf dieses Ziel hin ausgerichtet. Um dieses Ziel zu erreichen, wurde ein medienwissenschaftliches Hochschulinstitut beauftragt, den Prozess aus werteorientierter medienpädagogischer Sicht zu begleiten.

1.1. Die pädagogische Konzeption der Kinderfilmserie

Die pädagogische Ausgestaltung kann neben Inhalt und Dramaturgie der Filme zum Beispiel durch Printmedien erfolgen, die Eltern, Großeltern, Erziehern usw. eine Wegbegleitung zu gemeinsamen Gesprächen bieten. Die Printmedien enthalten neben der Wiedergabe der in den Filmen gesprochenen Texte auch deren Botschaft für werteorientiertes Verhalten, dargestellt durch Fragen und Antworten, die zum Gespräch und zu weiterführenden Gedanken anregen sollen. Über das Internet bieten sich auch unmittelbare Chats mit kompetenten Personen an.
Ein weiteres pädagogisches Angebot stellen Telefonsprechstunden, Internetchats zwischen Eltern und Pädagogen sowie, falls gewünscht, Einzelvorträge und Seminarveranstaltungen dar.

1.2. Leitgedanke zur werteorientierten Kinderfilmserie »Matty, der kleine Grashalm«

Die Nähe oder Ferne zur Natur bestimmt das Leben künftiger Generationen. Natürliche Verhaltensweisen tragen dazu bei, das Leben lebenswerter, harmonischer und friedlicher zu gestalten. Dies gilt vor allem für die Pflanzenwelt. Deshalb ist es »Matty, der kleine Grashalm«, der als humanisierte Leitfigur der Filmserie für die Harmonie des Lebens in Flora und Fauna durch lustige Begebenheiten in seinem Umfeld eintritt, deren Sinngehalt auf das Leben der Menschen übertragen werden kann. Durch das beispielhafte Verhalten von Matty soll ein Beitrag zur werteorientierten Erziehung im Vorschulalter geleistet werden. Die Vermittlung erfolgt durch eine Abfolge von Episoden, deren Dauer mit jeweils ca. 12 min veranschlagt ist.

1.3. Matty als Meinungsbildner

Publikumslieblinge wirken meinungsbildend. Matty kann ein Publikumsliebling werden durch seine unbekümmert-optimistische Art, seine positiv-hilfsbereite Haltung und seine unbewusst-werteorientierte Verhaltensweise.

Matty widerspricht damit der latent vorhandenen Werteorientierung eines Großteils unserer Gesellschaft, der von den nach Effekten haschenden, kommerzialisierten Medien beeinflusst ist und sich gleichzeitig über die Haltung der heranwachsenden Generation sorgt, die der Faszination der Gewalt und des reinen Konsums in den Medien ausgesetzt ist.

Matty kann durch eine dramaturgisch ansprechende, filmische Darstellung normaler Alltagssituationen eines Kindes in einer intakten Familie Beispiel geben für ein harmonisches Zusammenleben. Dies vermag beispielhaft darzulegen, wie Konfliktsituationen auf dem Konsensweg unter gegenseitiger Achtung zu lösen sind. Der konzeptionelle Ansatz von »Matty, der kleine Grashalm« lässt eine Fülle von Situationen zur Haltung des Menschen gegenüber der Natur und der Ökologie zu.

2. Filmserie und Menschenrechte

In der Filmserie sollen im Speziellen die Themen Mensch und Menschenwürde im Mittelpunkt stehen. Dabei werden in kurzen Geschichten werthaltige Themen verarbeitet, wie zum Beispiel:

- Recht auf Leben,
- Recht auf Würde,
- Ehrlichkeit,

- Einzigartigkeit, Persönlichkeit, Entfaltung,
- Lebensraum (sein Weltbild) usw.,
- Familie und Gemeinschaft, Fürsorge,
- Selbstwert,
- Guter Ruf, Ansehen,
- Soziale Sicherheit,
- Ganzheitliche Bildung.

Die aufzubauenden Tugenden sind hierbei:

- Vertrauen,
- Verlässlichkeit,
- Persönlichkeit,
- Leistungsbereitschaft,
- Freundschaft,
- Aufrichtigkeit usw.,
- Gerechtigkeit,
- Perspektivenübernahme,
- Systemisches Denken,
- Lebensweisheit.

Die Themen und Tugenden beziehen sich hierbei vor allem auf universelle, kulturübergreifende menschliche Themenfelder und Tugenden.

3. Der Inhalt der Filmserie »Matty, der kleine Grashalm«

3.1. Einleitung zu Mattys Welt

Die Filmwelt Mattys ist eine zweigeteilte Welt. Seine Welt teilt sich in die obere und die untere Welt auf. Die Einleitung vermittelt einen ersten Eindruck der Welten bei Matty:

> Tief unter der Erde, verborgen vor den Augen der Menschen, liegt das Land der Halmlinge. Sie sehen beinahe aus wie Menschen und leben in schmucken kleinen Häuschen oder hübschen Stuben, schlafen in Betten und schätzen gutes Essen. Weil unter

der Erde die Sonne nicht scheint, sind ihre Gassen erhellt von bunten Kristallen und Laternen. Und von den Glühwürmchen, die immer munter durch die Welt der Halmlinge schweben. Spielstuben und Einkaufsläden gibt es dort. Und bunte Buden, mit allerlei feinen Naschereien und gemütliche Wirtsstuben. Denn die Halmlinge sind fröhliche Leute und essen gerne gut und lachen viel.

Natürlich wären sie in unseren Augen winzig klein – wenn wir sie erblicken könnten, in ihrer wahren Gestalt. Wenn ihre Zeit gekommen ist, dann drängen sie nach oben und brechen durch die Erdkruste, um das Sonnenlicht und das blaue Firmament zu schauen. Auch Matty, der Held der Geschichte, ist diesen Weg bereits gegangen. Geschützt durch einen Zauber der Mutter Erde nimmt man ihn, wie seine vielen Brüder, nur als Grashalm wahr. Nur schlichtes Gras, das der Welt ein grünes Kleid gibt oder im Wind einen sanften Tanz vollführt. Und so hat auch Matty schon das Sonnenlicht genossen und den Regen gefühlt. Und wenn der Abend kam, dann stieg er wieder in sein Heim hinab, zu seinem Bettchen – und ließ an der Oberfläche eine grüne Hülle stehen, die unter dem Mondlicht von dem Tau der Nacht benetzt wurde. Doch eines Tages rieselten dicke Schneeflocken herab und webten ein weißes Kleid, das sich mit hartem Frost über den Boden legte. Die langen und dunklen Tage des Winters begannen und drängten die Halmlinge in ihre Quartiere unter die Erde zurück. Monate vergingen, denn es war ein langer und zäher Winter. Und die Halmlinge wurden allmählich ungeduldig und verdrießlich, denn der Frühling wollte einfach nicht kommen. Und da konnte selbst der schmackhafteste Walnuss-Punsch in der Gaststube »Unter den Eichenwurzeln« nicht mehr die Laune verbessern, oder die frische Quellenlimonade, welche die jungen Halmlinge so gerne aus den kleinen Bechern trinken.[1]

Die hier beschriebenen Welten sind Symbole für verschiedene Systeme. Dabei steht die Unterwelt für die Menschenrechte und die intellektuelle Welt. Gesichtsmimik, Notation, Sprache und Handlung sollen Aufrichtigkeit und Ehrlichkeit darstellen. Der Umgang miteinander und die entsprechenden Verhaltensregeln stehen für einen würde- und respektvollen Umgang untereinander und werden in angewandten Beispielen gezeigt. Es existiert keine psychische oder körperliche Gewalt.

3.2. Die Oberwelt

Die Oberwelt symbolisiert die Härte des täglichen Lebens und den Überlebenskampf. Im Einzelnen wird hier eine Welt gezeigt, wie sie heute oder aber auch morgen sein könnte. In der Oberwelt ist der Baum ein Symbol für einen Staat, der sich autonom zu gestalten versucht. Das Leben auf ihm und unter ihm bestimmt er, soweit dieses keine Parasiten oder auch Schmarotzer tun (Mafia), die ihm die Lebenskraft rauben. Die Art, wie der Baum mit den kleineren Pflanzen umgeht, ist die Form, die zugleich auch den Umgangston angibt. Der Baum setzt die Akzente, die maßgeblich für alles Folgende stehen. Der Umgangston wird vom Baum oder

---

1   Auszug aus dem Buch »Matty« 2, »Die Harfe des Frühlings«, Seite 4, unveröffentlichter Text.

Busch individuell festgelegt und kann sich über die Zeit und aufkommende Ereignisse ändern, zum Beispiel bei Naturkatastrophen.

Die Pflanze gilt als weise, die es schafft, die Unterwelt zu verstehen und dies in der Oberwelt anzuwenden. Die Art der Pflanzen spiegelt das jeweilige Verhaltensmuster wider. Es gibt zum Beispiel auf den Bäumen Schädlinge, die sie krank machen, weil sie sich wiederum nur für sich oder eine Minderheit interessieren und nur deren Interessen durchsetzen möchten.

Durch die Tatsache, dass der Charakter einer jeden Pflanze in der Kraft der Wurzel steckt, kann sie ihren oberen Wuchs verlieren, kann aber in Form eines Samens oder einer Wurzel wieder in der ursprünglichen Form aus dem Boden herauswachsen. Hieraus entsteht eine ewige Welt, in der Pflanzen sterben können, die aber auch wieder Neues hervorbringen.

Das Leben ist der Boden und der Urgrund. An der Oberfläche befinden sich Auswüchse. Wären die Interdependenzen immer gut aufeinander abgestimmt, müsste niemand leiden, was zum Beispiel am Leben sehr alter Bäume gezeigt werden kann.

Der Egoismus der Tiere und Pflanzen und die sich daraus ergebenden Charaktere zeigen, dass sie trotzdem innerlich hohl und leer sein können, unabhängig davon, ob sie mit Materiellem gut ausgestattet sind oder ob ihre Strategie des Ausnutzens Schwächerer erfolgreich ist. Damit steht das Konzept des Films im direkten Gegensatz zur calvinistischen Prädestinationslehre und ihren möglichen turbokapitalistischen Ausprägungen.

Ein Baum kann auch von innen heraus faulen, was zur Folge hat, dass er eines Tages unerwartet, von niemandem bemerkt, fällt.

Der Übergang von unten nach oben stellt auch den Übergang von dunkel zu hell dar. Hier findet eine Umpolung der Bedeutung statt. In den bekannten Mythen ist die Oberwelt die Welt des Lichts. Bei Matty ist es dagegen umgekehrt: Die dunkle Welt steht symbolisch für Licht und Leben. Sie ist daher nicht für jeden sichtbar, also auch unsichtbar. Der Zugang ist nicht für alle offen. Wer dazugehören will, muss sich durch Aufrichtigkeit, Ehrlichkeit und Respekt qualifizieren.

Es gibt Pflanzen, die schon so lange leben, dass sie die untere Welt vergessen haben und deren Existenz ignorieren und auch diejenigen, die daran glauben, verfolgen. Diese Auseinandersetzungen spiegeln die heutigen permanenten Kämpfe wider.

Gold und Edelsteine in der Unterwelt sind für die Anwohner unbedeutend, für die Oberwelt wegen ihrer Seltenheit jedoch nicht. Es wird nach ihnen gegraben und die bestehende Pflanzenwelt zerstört. Nach dem Ausgraben entsteht wieder neuer Lebensraum für die Bewohner der Oberwelt. In derartigen Übergangsprozessen von altem zu neuem Lebensraum laufen, je nach Situation, Emotion und Motivation sowie Sprache und Mimik auseinander.

Das Licht der Oberwelt wird hierbei als Geld und Reichtum symbolisiert. Der Platz der Pflanze ist hier das Symbol für nachhaltige Macht und Einfluss. Ist sie letztendlich groß und stark, kann die Pflanze sich überlegen, wem sie darunter Schutz bietet.

Jede Pflanze hat einen Charakter, den sie direkt oder auch indirekt zur Schau stellt. Die Talente, die jede Pflanze besitzt, kann sie zeigen. Es gibt aber auch Pflanzen, die versteckte Talente besitzen, wie zum Beispiel heilende Wirkungen, die erst entdeckt werden müssen und daher vielleicht das Gefühl entwickeln, sie seien wertlos. Über die Namensgebung jeder Pflanze und ihren Entdecker gibt es meist alte Geschichten, die zu erzählen wert sind.

Die Betrachtung der Oberwelt ist wunderschön. Es wäre das Paradies, wenn alle Akteure miteinander auskommen und Kompromisse zwischen den Pflanzen geschlossen würden und man die Bedürfnisse jedes Einzelnen so gut es geht berücksichtigte.

Mattys Aufgabe besteht darin, zwischen Ober- und Unterwelt, aber auch zwischen den Akteuren der Oberwelt zu einer lebensdienlichen Vermittlung beizutragen. Seine Haltung entspricht dem Theorem von John Nash, nach dem alle Beteiligten zusammen das Beste erreichen, wenn sie nach dem eigenen Besten streben, aber zugleich auch nach dem Besten für die gesamte Welt.

3.3. Die Unterwelt

Die Unterwelt ist in ihrer Art einzigartig schön und besticht das Auge mit einer Vielzahl an Farben. Keiner weiß, wer dies erschaffen hat, es gibt nur Mythen darüber. Die Oberwelt stellt ihre Pflanzenpracht deutlich zur Schau, die aber von den Pflanzen gemacht ist.

In der Unterwelt gibt es Edelsteine und Kristalle, die jedoch von den Halmlingen fast nicht bemerkt werden und dennoch im Leben zum Beispiel als leuchtende Laternen eingebaut sind. In der Oberwelt wären sie hingegen begehrt.

Unter der Erde verborgen liegt das Land der Halmlinge. Die Glühwürmchen sind die ergebenen Helfer der Halmlinge. Sie sind keine anonymen Diener, sondern haben Namen und sind persönlich bekannt. Auf den Charakter der Glühwürmchen wird stets Rücksicht genommen.

Die Halmlinge leben in kleinen Familien zusammen und definieren sich als Volk. Sie haben keine schlimmen Erlebnisse hinter sich, sondern erwiesen sich schon zu Beginn ihrer Zeitrechnung als ehrlich und aufrichtig Handelnde. Wenn tatsächlich ein Halmling aus der Rolle fallen sollte, wird auch dieser Halmling aufgrund seiner tief verwurzelten Charaktereigenschaften wieder in die Gemeinschaft zurückgeführt.

Wird die Unterwelt durch Grabungen nach Edelsteinen bedroht, so kämpfen die Halmlinge nicht dagegen. Stattdessen helfen sie sich gegenseitig und suchen sich einen neuen Lebensraum.

3.4. Die Tiere

Oberwelt/Unterwelt: Die Tiere können mit den Pflanzen reden. Diese sind direkte Helfer für die Pflanzen, zum Beispiel: Matty kann auf einem Spatzen fliegen. Es gibt gute und böse Tiere. Die Raben kennen einen Rabenherrscher, der seine Diener rekrutiert, mit denen er die Oberwelt beeinflussen möchte. Seine Einflussmöglichkeiten reichen von gemeinen Aktionen oder belehrenden Reden an alle Bewohner der Oberwelt. Seine Herrschaft wird erst dann infrage gestellt, als ein anderer Rabe dessen Regieren anzweifelt.

Die Erdwespen bewachen die Zwischenwelt. Die Zwischenwelt liegt zwischen Ober- und Unterwelt. Die Wespen verhindern den Austausch zwischen Ober- und Unterwelt. Der Maulwurf verhilft Matty immer dazu, zwischen den Welten pendeln zu können, indem er zum Beispiel entsprechende Gänge gräbt.

3.5. Der Charakter Mattys

Matty stellt Natur dar, pflanzliche Natur, wird als anpassungsfähig, durchsetzungsfähig, nachhaltig und sensibel wahrgenommen. Matty ist in seinem Handeln ehrlich und aufrichtig; intelligent und lernwillig, wenn es darum geht, sich neuen Bedingungen anzupassen. Er ist tatkräftig und durchsetzungsfähig bei der Verteidigung seiner Lebensbedingungen (Menschenrechte), jedoch neugierig und vertrauensvoll bei der Entdeckung neuer Terrains (Innovation). Matty sucht und findet Verbündete, die ihm helfen, sich gegen übermächtige Gewalt durchzusetzen. Er freut sich über die kleinen, schönen Dinge in seinem Umfeld (Bescheidenheit und Zufriedenheit).

Matty ist ein kleiner Halmlingjunge von der Halmling-Stadt. Er geht besonders aufrecht, sein Kinn steht leicht über 90 Grad. Er läuft über die Fersen mit einem leicht stolzen Gang und wedelt gerne gestikulierend mit den Armen, wenn er spricht.

Mattys hervorzuhebende positive Eigenschaften: Er ist lebensfroh, wachsam, mutig, intelligent, einfühlsam, spontan, ehrlich, beharrlich, treu, höflich, den Nächsten liebend, genügsam, gottergeben, einsichtig, neugierig, fleißig, ein guter Bastler und Zeichner, großherzig (auch den »Bösen« gegenüber), weltoffen, innovativ, tatkräftig und vertrauensvoll, hat Sinn für Gerechtigkeit, macht aus seinem Herzen keine Mördergrube, steht auf Fairplay und wächst mit der Herausforderung.

Mattys »negative« Eigenschaften: Er ist leichtsinnig, übermotiviert (besser als schüchtern, denn er lernt dabei, beim nächsten Mal besser vorbereitet zu sein), hitzköpfig und isst überaus gern Kirschpfannkuchen (es verlockt ihn).

3.6. Freunde und Feinde von Matty

Matty und seine Eltern. Die Eltern von Matty leben in der »Unterwelt«: Die Mutter verhält sich ermutigend und fürsorglich, der Vater erzählt gern Geschichten, flunkert aber auch hin und wieder. Die Eltern reisen gern und sind sehr gastfreundlich. Matty liebt seine Eltern und achtet sie. Reibereien sind möglich.

Matty und seine Freunde. In der Oberwelt leben Mattys Freunde, die Spatzen. Matty rettet seine kleinen Freunde immer wieder vor deren Feinden, den Raben. Zur Unterwelt gehören zwei andere Freunde von Matty: Lou und Tsche, die zwei Glühwürmchen. Wenn Matty sie ruft, dann klingt dies nach dem italienischen »luce«, also Licht. Die beiden sind stets zur Stelle und bringen Licht ins Dunkel. Lou und Tsche sind Brüder. Sie kabbeln sich gern und sorgen immer wieder mal für ein Malheur. Matty schlichtet die Streitereien und weiß sich und die anderen mutig und pfiffig aus der Bredouille zu bringen.
Ebenfalls zur Unterwelt gehört Bella Butterblume, die auch zu Mattys Freunden gehört. Bella ist, wie der Name schon sagt, eine Butterblume. Da sie ein wenig älter ist als Matty, ist sie in vielen Dingen erfahrener, aber auch manchmal belehrend. Bella Butterblume ist aber ein echter Kumpel, der Matty stets mit Rat und Tat zur Seite steht.
Wenn die Aufregung groß ist – im Negativen wie im Positiven –, fängt Bella Butterblume leicht zu stottern an. Die sonst so abgeklärte Freundin bedarf dann eines aufmunternden Spruchs von Matty.
In der Zwischenwelt lebt Lukas, der Maulwurf. Er ist der Fährmann zwischen Ober- und Unterwelt und hilft Matty beim Kampf gegen die Erdwespen.

Matty und seine Feinde. In der Oberwelt halten sich die Raben auf. Sie sind verschlagen, haben stets Böses im Sinn und geben Matty immer falsche Ratschläge. Die Raben jagen Mattys Freunde, die Spatzen, und wollen sie fressen!
Zur Zwischenwelt zählen andere Feinde von Matty, es sind die Erdwespen. Sie sorgen stets dafür, das sich Matty den Weg nach oben und zurück nach unten immer »freiboxen« muss. Die Zwischenwelt ist eine Labyrinthwelt. Nicht alle Wege führen nach oben. Falltüren sind eingebaut und nur Lukas, der Maulwurf, weiß, wo es langgeht.

4. Auszug aus dem Buch »Die Harfe des Frühlings«

Um die Harmonie und die Stimmung zu unterstreichen, wird ein Gedicht zitiert, das auf eindrucksvolle Weise die Beziehung zur Natur und das harmonische Verhältnis untereinander veranschaulicht:

> Herz der Sonne strahlt und lacht,
> Eis und Schnee verliert die Macht.
> Halmling-Zauber, Blütenpracht.
> Seht, sie wachsen über Nacht,
> aus dem warmen Schoß der Erde,
> dass der Frühling wieder werde.
> Wiegt ein Singen in der Luft,
> tausend Farben, Blumenduft,
> schon vergessen ist der Winter,
> seid umarmt, ihr lieben Kinder!

Die bestehende Harmonie zwischen Natur und Hauptfiguren tritt auch deutlich in den Dialogen hervor. Ein Auszug aus dem Text lässt dies gut erkennen:

> Alle waren da: Matty und Bella Butterblume. Und Professor Severinus Salbei mit dem Glockenblumenchor. Und natürlich auch der Maulwurf Lukas, der begeistert applaudierte, weil sein Freund, ein kleiner Halmling, so ein Wunder schaffen konnte. Sie alle waren auf der duftenden Wiese, umringt von den Vettern und Verwandten und unendlich vielen Grashalmen. Und bei ihnen stand die wunderbare Harfe, hoch aufgerichtet, so, als reiche sie bis unter das Himmelszelt.

> »Ich bin wahrhaftig stolz auf dich«, sagte Bella Butterblume.

> »Komm und lass dich drücken, großer Held.«

> Und dann drückte sie den kleinen Halmling, bis ihm fast die Luft ausging.

> »Du gabst mir Mut mit auf den Weg«, entgegnete Matty und drückte sie wieder. »Und der gute Lukas lieh mir seine ganze Kraft. Und da war auch noch Severinus Salbei, durch den ich die Pforte fand.«

> Severinus Salbei schmunzelte. Er sah zu der goldenen Zauberharfe auf.

> »Gute Freunde, Bella«, sagte Matty, »sind das Beste auf der Welt.«

> »Danke, Matty, nur durch dich hat sich mein Traum erfüllt«, sprach schließlich auch Severinus Salbei.

> »Und du hast recht behalten: Wenn man wahrhaftig daran glaubt, dann werden Märchen wahr«, lachte der kleine Halmling.

> Und Matty strich noch einmal über seine Harfe, und die Melodie sang mit dem Wind.

> Ganz zauberhaft und hoch bis hinauf zur Sonne, die begeistert strahlte und sie alle in die Arme schloss.

5. Technische Umsetzung

In der Filmserie »Matty, der kleine Grashalm« ist, als eine spezielle Form, Mixed Reality angedacht, die für diese Serie die Grundlage der Produktion darstellt. Bei der hier beschriebenen Kinderfilmserie wird der Hintergrund, also das Set, real gebaut und gefilmt, die agierenden Charaktere sind jedoch computeranimiert. Der virtuelle Charakter interagiert in der fotorealistisch aufgenommenen Welt, wobei exakte Sichtbarkeitsentscheidungen automatisch getroffen werden. Das hier vorgestellte Verfahren soll erreichen, dass die Kinderfilmserie »Matty« in Form und Farbe zwar künstlerisch hohe Standards setzt, sich aber gegenüber vergleichbaren Produktionen dadurch auszeichnet, dass kosten- und zeitsparend gearbeitet werden kann. Die derzeit verwendete Vorgehensweise (»State of Art«) zeichnet sich dadurch aus, dass der Hintergrund mit der Kamera aufgenommen und die Kamerafahrt aus den bestehenden Bildern zurückgerechnet wird. Daher ist die Kamerafahrt nicht wiederhol- bzw. manipulierbar. Der Hintergrund ist ein in sich abgeschlossenes festes Frame. Der Charakter wird mit der berechneten Kamerafahrt im Computer gerändert. Beide Layer werden dann zusammengeführt. Die Sichtbarkeit muss später im Compositing-Tool pro Frame manuell entschieden werden. Der Vorteil der neu entwickelten Methode besteht darin, dass der Bezug zwischen realer und digitaler Welt jederzeit möglich ist. Damit können aus jeder Realität die Vorteile miteinander kombiniert werden.

Folgende Vorgehensweise ist sinnvoll: Das Modell (Set) wird real gebaut, mit einem 3D-Scanner vermessen und mittels Trecker positionsgetreu in der 3D-Welt angeordnet. Die Kamerafahrt wird im digitalen Umfeld generiert, das heißt, es wird eine Kurve mit Richtungsvektoren erzeugt. Als zusätzlich frei gestaltbarer Parameter ist die »Focuslength« verfügbar. Diese Kamerafahrt lässt sich mittels Roboterkinematik auf die reale Kamera übertragen. Zeitgleich werden Charaktere sowie Effekte im digitalen Umfeld erzeugt. In der Realität wird das Licht gesetzt und mit HDRI-Technik im Computer nachgebildet. Danach können im Compositing-Prozess beide erzeugten Frames einander zugeordnet werden. Aus dem 3D-Modell wird ein Z-Buffer als separater Kamerapfad erzeugt. Damit wird automatisch die Sichtbarkeitsentscheidung getroffen.

Ergebnis dieses Vorgehens ist, dass alle in der Realität und in der Virtualität erzeugten Layer synchron sind. Zusätzlich zur Zeit- und Kostenersparnis gewinnt man einen höheren Grad an gestalterischer Freiheit.

Ist die reale Welt als 3D-Modell im Rechner verfügbar, kann mit Charakteranimation sowie Bewegung, Beleuchtung, Kamerafahrt usw. experimentiert werden. Dieses spezielle Verfahren ist für die Produktion der Kinderfilmserie »Matty« angedacht. Sie ist natürlich auch auf andere Projekte anwendbar.

»Naturcode« – Natur, Medien und Werte

Dagmar Janssen

1. Einleitung

Die theoretische Darstellung einer werteorientierten Medienpädagogik von Bojan Godina lässt sich in die immer lauter werdenden Stimmen renommierter Wissenschaftler einreihen, die auf der Basis von empirischen Untersuchungen und Langzeitstudien inzwischen deutlich gemacht haben, dass wir der massiven medialen Einflussnahme innerhalb unserer Gesellschaft nicht mehr länger passiv zusehen dürfen. Durch die permanente Medienbildung, die wie die Luft zum Atmen und das Tageslicht ein kontinuierlicher Begleiter des Individuums im 21. Jahrhundert geworden ist, verändert sich der einzelne Mensch und konsequenterweise damit einhergehend die Gesellschaft in der Moderne.

Medienbildung ist nicht abzuschalten. Der Mensch der westlichen Welt bewegt sich in einer medialen Lebenswelt. Keinen Schritt kann er tun, ohne dass mediale Bildung bzw. Einflussnahme stattfindet. An jeder Straßenecke wird ein Produkt beworben, entweder einfach auf Plakaten oder auf flimmernden Großbildschirmen. Die Songs im Autoradio werden immer wieder für wichtige Werbeblocks unterbrochen. Das Frühstück wird Zeitung lesend eingenommen, die Busfahrt nur mit Musik aus dem iPod zurückgelegt. Im Kindergarten schon werden Medienräume, bestimmt von Bildschirmen, eingerichtet. In der Schule sind Power-Point-Präsentationen notenbedingt Standards bei Referaten. Wenn mit dem mobilen Blackberry flexibel an jedem Ort das Internet hochgefahren wird, öffnen sich automatische Pluggs mit den vermeintlich wichtigen Hinweisen auf begehrenswerte Produktangebote und Schlagzeilen der neuesten Nachrichten aus aller Welt. Wenn wir das Handy am Morgen einschalten – falls wir es denn über Nacht ausgeschaltet haben sollten – erreichen uns eilige Kurzmitteilungen, die augenblicklich Antworten fordern. Der digitale Postweg stagniert, wenn man nicht sofort, innerhalb einer Stunde, zu einer E-Mail Stellung bezieht. Menschen geraten in Vergessenheit, wenn sie der Freundschaftseinladung der Community »Wer kennt wen« (wkw) nicht folgen. Junge Menschen werden uninteressant und bleiben »in ihrer Entwicklung stecken«, wenn sie ihr Profil in Schüler-VZ oder Studi-VZ nicht pflegen und weiter fortschreiben. Es wird suggeriert, dass das wahre Leben zur Existenzgründung im Onlinespiel »Second Life« stattfindet und echte Herausforderungen und Abenteuer am besten im Onlinerollenspiel »World of Warcraft« erlebbar werden.

Hinter all den Aktivitäten im Umgang mit den Massenmedien stecken natürlich ernst zu nehmende Bedürfnisse, die es bei allen Kritikpunkten zu beachten gilt. Unter entwicklungspsychologischen Aspekten betrachtet, stehen meistens die Fragen der Identität im Vordergrund: »Woher komme ich?«, »Wohin gehe ich?« Der Mensch ist ein Suchender nach sich selbst und nach der Antwort auf die Frage, welchen Sinn seine Existenz in der immanenten Welt hat und ob eine Macht außerhalb der irdischen Dimension etwas mit dem eigenen Leben zu tun haben könnte. Als soziales Wesen strebt er nach Integrität und Anerkennung. Um sein kognitives und emotionales Potenzial entwickeln zu können, sucht er die Auseinandersetzung mit Andersdenkenden und entwickelt im Zusammenleben mit seinem Gegenüber soziale Kompetenz. So vollzieht sich die individuelle Wertebildung in der Konfrontation mit der Andersartigkeit zwischen Akzeptanz und Diskrepanz. Daraus entwickelt das Individuum ein für sich selbst stimmiges Weltbild, das ihm Orientierung und Sicherheit im alltäglichen Leben gibt.

Mit diesen anthropologischen Entwicklungsaufgaben setzt sich der Mensch bereits seit Bestehen der Menschheit auseinander. Dies hat sich auch bis heute nicht geändert. Was sich jedoch in der modernen Zeit verändert hat, ist das Gegenüber, das den Menschen durch den Entwicklungsprozess der Personalisation, der Sozialisation, der Enkulturation und Spiritualisation begleitet. Mit dem Zeitalter der Technisierung haben die Medien in rasanter Geschwindigkeit begonnen, die Begleitung und Förderung der anthropologischen Entwicklungsprozesse zu dominieren. In dem Grad, wie sich Menschen in persönlichen Beziehungen zurückgezogen haben, ist die mediale Begleitung bzw. Einflussnahme gestiegen und umgekehrt. In medienpädagogischen Fachkreisen spricht man bereits von einer zu beobachtenden Mediensozialisation durch die mediale Kolonialisierung.

Auf den hier sehr schlagartig und plakativ skizzierten Überlegungen basiert das werteorientierte medienpädagogische Konzept »Naturecode«. Dieses greift die positiven fortschrittlichen Aspekte der medialen und der damit einhergehenden technischen Möglichkeiten konzeptionell auf und fördert gleichzeitig den kritischen, selbstbestimmten Umgang mit der medialen Einflussnahme. Denn eins sei an dieser Stelle in aller Deutlichkeit betont, nicht der Computer, die Videokamera, das Fernsehen, das Handy oder das Internet mit all seinen innovativen technischen Raffinessen wirkt meinungsbildend auf den Nutzer, sondern deren Inhalt. Darüber hinaus beeinflussen die bewussten Inszenierungen der Produkthersteller mit ihren subliminalen Wirkmechanismen, bilden Meinungen und generalisieren Weltanschauungen. Denken wir beispielsweise an Produkte wie nie endende Internetspiele mit heldenhaften Schlachten in fantasiereichen Traumwelten und Online-Communitys, die über nachbarschaftliche Kontakte hinaus weltweite Integration verheißen. Oder an die täglichen Soap-Operas, Talkshows auf den öffentlichen und privaten TV-Sendern oder Dieter Bohlens *Deutschland sucht den Superstar* und Heidi Klums *Germanys next top model*, die suggerieren, durch das Eingeschaltetsein zu einem Teil der weltweiten Promiwelt werden zu können. Nicht zuletzt denken wir an die medialen Produkte für die Jüngsten in unserer Gesellschaft, die durch das Angebot des Baby-TV bereits eine große Palette an medialer Bildung erhalten können. Um jedoch nicht nur zu lamentieren, sondern konstruktiv mit der bestehenden Situation umzugehen, stelle ich im Folgenden exemplarisch das ganzheitliche medienpädagogische Konzept »Naturecode« vor und unterstreiche es mit altersgerechten Beispielen unter Berücksichtigung entwicklungspsychologischer Erkenntnisse.

2. »Naturecode«, ein holistisches medienpädagogisches Konzept zur werteorientierten Medienbildung

Der Grundgedanke von »Naturecode« besteht darin, der Diskrepanz zwischen Medien, Technik und der realen Welt bzw. dem realen Leben ausgewogen und kompetent zu begegnen. Einerseits sollen die Natur und die den Menschen umgebende Lebenswelt als echte Freizeitressource entdeckt werden, andererseits soll das große Interesse von Kindern und Jugendlichen an moderner Technik und Medien aufgegriffen und als didaktisches Mittel positiv in die pädagogische Arbeit integriert werden. »Naturecode« möchte einen Zugang zu den nonverbalen Botschaften der uns umgebenden Natur ermöglichen und darauf aufbauend eine moderne Sprache bzw. Ausdrucksform finden, um die Sprachlosigkeit der Natur in verständliche Botschaften zu übersetzen. Ganz nach dem Motto: »Guck' mal, wer da spricht!«, lernt der Mensch, nicht nur sich selbst, sondern auch die Natur zu betrachten und darauf zu hören, was sie vermitteln möchte. Durch »Naturecode« können nicht nur Kinder und Jugendliche neue Perspektiven für ihre Lebenswelt entwickeln, sondern auch Erwachsene, die plötzlich Dinge in ihrer gewohnten Umgebung wahrnehmen, die sie vorher noch nie bewusst gesehen haben. Durch die Einbettung und Integration der eigenen Existenz in die Lebenswelt erfährt der Mensch in seinem Leben eine deutliche Sinnsteigerung. Außerdem können Erwachsene, die den modernen Medien ohne viel Selbstvertrauen eher zurückhaltend gegenüberstehen, durch die Verknüpfung mit technischen Instrumenten, wie zum Beispiel Digitalkameras für Fotos oder Videos oder Softwareprogramme zur Erstellung von Multimediapräsentationen, sich den modernen Medien annähern und durch positive Erfahrungen die ursprüngliche Scheu gegenüber dem Unbekannten verlieren. »Naturecode« kann gleichermaßen sowohl präventiv als auch interventiv in der Medienpädagogik eingesetzt werden.

3. »Naturecode« als Prävention

Im Folgenden soll das »Naturecode«-Konzept als Präventionskonzept vorgestellt werden. Dabei besitzen die Praxisbeispiele exemplarischen Charakter und stellen keinen Anspruch auf Vollständigkeit dar. Sie dienen in erster Linie dazu, dem Leser die Prinzipien des Konzeptes zu verdeutlichen, und sollen in zweiter Linie einen Impuls geben, eigene Ideen, Fantasien der konzeptionellen Umsetzungsmöglichkeiten zu entwickeln.

Der Übersichtlichkeit und gezielteren thematischen Zuordnungsmöglichkeit halber teile ich die anthropologischen Entwicklungsprozesse in vier Kategorien, die auf entwicklungspsychologischer Ebene den vier Wesensstrukturen des von Bojan Godina gezeichneten Menschenbildes entsprechen:[1]

1. Personalisation (menschliche Eigenwahrnehmung),
2. Sozialisation (menschliche Egalität),
3. Enkulturation (untergeordnete Ebene),
4. Spiritualisation (übergeordnete Ebene).

3.1. »Naturecode«-Praxisbeispiele zur Entwicklungsförderung der Personalisation (menschliche Eigenwahrnehmung)

Das »Naturecode«-Konzept setzt in dieser Kategorie altersgerechte didaktische Methoden zur Unterstützung der Identitäts- und Persönlichkeitsförderung sowie der Selbst- und Fremdwahrnehmung ein. Die Kinder und Jugendlichen sollen eigene Ressourcen und Wachstumspotenziale entdecken, vom pädagogischen Begleiter immer wieder Ermutigung erhalten und damit experimentieren. »Naturecode« ist in dieser Kategorie auch Gesundheitserziehung, indem Themen der Bewegung, Ernährung und auch medizinische Prävention aufgegriffen und kreativ vermittelt werden. »Naturecode« betrachtet den Menschen ganzheitlich und rechnet darüber hinaus mit existenziellen Fragen nach dem Sinn des eigenen Lebens, die oftmals Auslöser für weitere spirituelle Fragen sind. Der Umgang mit der ursächlichen anthropologischen Auseinandersetzung und den Fragen: »Woher komme ich?«, »Wohin gehe ich?« sind didaktisch im »Naturecode«-Konzept verankert.

---

1   Oerter und Montada 2002.

3.2. Identitäts- und Persönlichkeitsförderung

Die Förderung der Identität beginnt bereits mehr oder weniger bewusst vom Zeitpunkt der Geburt an mit der Namensgebung und dem differenzierten Umgang seitens der Eltern gegenüber einer Tochter prospektive eines Sohnes. Im Kindergartenalter vervielfältigen sich die erwachsenen Bezugspersonen eines Kindes und es erfolgen gezieltere pädagogische Unterstützungen bei der Identitätsbildung. Bereits in diesem Alter können die Methoden von »Naturecode« die pädagogische Arbeit kreativ unterstützen und die Kinder auf spielerische Art und Weise in ein Verständnis über sich selbst als Persönlichkeit und Individuum führen. Gemeinsam mit den erwachsenen Bezugspersonen können die Kinder sich selbst nahe kommen und begreifen lernen, indem sie zum Beispiel erkennen, dass sie zwei Hände und zwei Füße, fünf Finger an einer Hand und fünf Zehen an einem Fuß haben. Sie können sich als einzigartig betrachten lernen, mit ihrer individuellen Haar- und Augenfarbe, ihrem individuellen Temperament, mit ihrem individuellen Geschmack. Themen über Lieblingsessen oder Lieblingstiere können kreativ gestaltet und mit altersentsprechender Didaktik durchgeführt werden, sodass das einzelne Kind sich selbst in seinem So-Sein näher kommen kann. Dabei spielt der Einsatz von Technik eine eher untergeordnete Rolle, denn Kinder im Alter zwischen drei und sechs Jahren müssen sich ganzheitlich mit allen Sinnen sehen, hören, riechen, schmecken, fühlen und verstehen lernen. Die Sprachlosigkeit ihres eigenen Daseins soll durch »Naturecode« für die Kinder über das (Be-)Greifen zum eigenen Verstehen führen. Dabei sind der Kreativität keine Grenzen gesetzt.[2]

Im Alter zwischen fünf und sechs Jahren können die pädagogischen Angebote bereits etwas abstrakter werden. Wenn die Kinder am Ende ihrer Kindergartenzeit zum Beispiel aufgefordert werden, sich einen Gegenstand aus der Natur zu suchen, der zu ihnen passt und bei dem sie über das Erzählen verdeutlichen, warum sie sich zum Beispiel gerade das Gänseblümchen ausgesucht haben oder was sie am weichen Moos so fasziniert oder warum der schneeweiße Stein sie am besten beschreibt. Am Ende kann der Naturgegenstand in ein sogenanntes »Ich-Buch« geklebt werden, mit der Ergänzung der kindlichen Erklärung, vom Erwachsenen für das Kind aufgeschrieben.[3]

Bezüglich der Nachhaltigkeit haben sich Tagebücher und Fotoalben als sehr effektiv erwiesen, die in diesem jungen Alter von den pädagogischen Bezugspersonen des Kindes geführt werden. Darin kann zum Beispiel auch auf einer Seite das Wachstum der Hand oder des Fußes stellvertretend für das Wachstum des ganzen Körpers visualisiert werden, indem die Konturen der Hand oder des Fußes in regelmäßigen Abständen, immer in gleicher Position, auf derselben Seite, mit einem

---

2   Dietrich, Janssen und Gableske 2007.
3   Ebd.

Stift umzeichnet werden, wodurch, ähnlich einer topografischen Landkarte, die immer größer werdende Hand oder der Fuß sichtbar werden. Ab dem Eintritt in die Schule sind der Vielfalt zur Identitäts- und Persönlichkeitsförderung mit dem »Naturecode«-Konzept kaum noch Grenzen gesetzt. Nun können die Angebote immer häufiger auch medial unterstützt werden. Die Kinder und Jugendlichen stellen sich unter Einsatz multimedialer Mittel selbst im Kontext ihrer Umwelt dar. Unter Zuhilfenahme einer Videokamera und nach vorangegangenen drehbuchtechnischen Überlegungen können sie ihre eigenen Themen digital verarbeiten. Die thematischen Möglichkeiten sind vielfältig, sie können zum Beispiel den folgenden Bereichen entnommen werden: Wo lebe ich?, meine Familie und ich; meine Hobbys; Lieblingstiere; meine Musik; was ich gar nicht mag; was macht mir Angst?, wovon träume ich?, was ich an der Schule mag oder nicht mag; mein Lieblingsessen; mein Lieblingsplatz in der Natur usw. Mit einer entsprechenden Einführung in multimediale Software für den PC können die Kinder oder Jugendlichen je nach Alter und technischem Interesse sich mit selbst produzierten Videoclips darstellen. Durch Spezialeffekte wie Zeitlupe oder Zeitraffer, Vertonung mit effektvoller Musik oder interessante Bildeinstellungen und Rückwärtslauf können sie die für sie wesentlichen Dinge hervorheben, um zu verdeutlichen, was sie als Person auszeichnet.

Eine andere Idee ist, die Kinder mit einer leicht handhabbaren digitalen Fotokamera mit dem Auftrag in die Natur zu schicken, das zu fotografieren, was sie begeistert oder fasziniert. Durch die Perspektive der Kamera entdecken sich die Kinder und Jugendlichen im Zusammenhang mit ihrer Umgebung oftmals ganz neu. Plötzlich beginnen sie zu staunen über Dinge, denen sie vorher keinerlei Beachtung geschenkt hatten: kleinste Blumen im Asphalt, das Glitzern eines Spinnennetzes voller Tau, der abgeladene Müll im Wald oder das Weinen eines Kindes, das hingefallen ist usw. Diese Fotos können wiederum am PC mit einer Software wie Photoshop oder einer anderen Fotoverarbeitungssoftware zu einer multimedialen Präsentation audiovisuell verarbeitet werden. Dieser kreative Prozess führt automatisch zur intensiven Auseinandersetzung über das eigene Ich: »Wer bin ich?«, »Wo komme ich her?«, »Wie und wohin entwickele ich mich?« Durch die aktive Gestaltung der Selbstreflexion gelangen die Kinder und Jugendlichen zu einem immer besseren Verständnis über sich selbst.

»Naturecode« arbeitet jedoch auch ausschließlich mit der Faszination der Natur, ganz ohne Einsatz oder Unterstützung medialer Instrumente. Dabei handelt es sich auf den ersten Blick um sehr einfach erscheinende Übungen, die das einzelne Kind oder den Jugendlichen jedoch vor große Herausforderungen stellen können. Zum Beispiel dann, wenn man sich vorstellt, fünf Minuten lang eine Ameise auf der eigenen Hand beobachten zu sollen. Ich habe viele Kinder erlebt, für die es eine große Überwindung war, sich überhaupt einer Ameise zu nähern, geschweige denn, diese auch noch auf die eigene Hand zu nehmen. Die meisten stellten sich sehr ungeschickt dabei an, die kleine flinke Ameise überhaupt auf ihre Hand zu bekommen. Sie dann auch noch fünf Minuten lang auf ihrer Hand zu halten, um sie zu beobachten, stellte für viele von ihnen ein echtes Problem dar. Egal, mit welchen individuellen Affronts sie zu tun hatten, der Effekt war für alle gleich: Sie staunten und reflektierten über die flinken Bewegungsabläufe einer Ameise. Die einfache Frage des Mitarbeiters: »Was denkt ihr, wie groß ist das Gehirn dieser Ameise?« löste einen temperamentvollen Erfahrungsaustausch über die vorher gemachte Erfahrung aus. Überlegungen darüber, wie auf so einen kleinen »Speicherplatz« so schnelle und filigrane Bewegungsabläufe gespeichert werden können, kann zum selbstreflexiven Vergleich der eigenen kognitiven Fähigkeiten und der damit zusammenhängenden Koordination von Handlungsabläufen und Entscheidungsprozessen sowie der persönlichen Begabungen führen.

Eine starke individuelle Erfahrung kann auch durch die folgende Aufgabe hervorgerufen werden: Jedes Kind oder jeder Jugendliche sucht sich einen Baum im Wald aus, der ihm ganz besonders gut gefällt, und bleibt dort etwa eine halbe Stunde lang sitzen. Die wichtigste Regel dabei besteht darin, dass niemand einen anderen aus der Gruppe von seinem Platz aus sehen darf. Das plötzliche Alleinsein und die Stille in der Natur können in den Kindern und Jugendlichen, deren Alltag durch dauerhafte Geräusche dominiert wird, unterschiedlichste Empfindungen auslösen. Ich habe selbst erlebt, wie in einer Gruppe von 15 Jugendlichen Gefühle des Unwohlseins wegen der ungewohnten Ruhe oder der Einsamkeit, bis hin zur tief empfundenen Geborgenheit empfunden wurden. Durch Fragen im gemeinsamen Gespräch kann der erwachsene Begleiter die Kinder und Jugendlichen in einen Selbstreflexionsprozess über die eigenen Gefühle und somit wiederum zu einem tieferen Verständnis über sich selbst führen.

3.3. Gesundheitserziehung im Bereich der Ernährung, des Sports und der Präventivmedizin

Über die Unterstützung bei der Identitäts- und Persönlichkeitsentwicklung hinaus soll »Naturecode« bereits im Kindergartenalter mit Ernährungserziehung beginnen, da die Einflussnahme der Werbeindustrie gerade auch bei dieser Altersgruppe ansetzt. »Naturecode« soll dabei einen Gegenpol setzen zu den medial beworbenen, überwiegend ungesunden Lebensmitteln bzw. Süßwaren, die gerade in den Pausenzeiten zwischen den Kinderprogrammen auf der Mattscheibe erscheinen. Da wird die »Milchschnitte« in Bezug auf den Milchgehalt als wertvolles Lebensmittel für die Ernährung eines Kindes dargestellt und im Laden den Milchprodukten zugeordnet, ohne den immensen Zuckergehalt zu thematisieren, was zur Folge hätte, dass der Riegel im Ladensortiment zu allen anderen Süßigkeiten sortiert werden müsste. Da wirbt McDonalds mit Heidi Klum, dem Abbild der Schönheit, die weder magersüchtig noch fettleibig ist, sondern sich bester Gesundheit erfreut, weil sie sich scheinbar als Stammkundin bei McDonalds mit Chicken Gourmet[4] ernährt.[5] Mit »Naturecode« soll im Gegensatz dazu den Kindern der natürliche Ernährungs- kreislauf bewusst gemacht werden, vom Wachsen der Gemüsepflanze und des Obstbaumes bis hin zur fertig zubereiteten Mahlzeit auf dem Tisch. Das kann ganz einfach beginnen mit dem Aussäen und Ernten von Kresse für die Zubereitung eines Kressequarks. Oder man lässt Kartoffeln liegen, bis sie austreiben, benutzt diese als Saat für eine neue Kartoffelpflanze mit ein bis zwei Kilogramm neuen Kartoffeln. In der Wachstumsphase werden Kartoffelrezepte herausgesucht, das Leckerste ausgewählt, um es nach erfolgreicher Ernte gemeinsam zu kochen. Dieses Kartoffelgericht wird aufgrund des engen persönlichen Bezuges eine ganz neue Ess- Erfahrung im Kind hervorrufen. Der ganze Prozess sollte mit Fotos festgehalten werden, sodass die Entstehung des Essens von der Wachstumsphase der Pflanze bis zum Ernten, Zubereiten und Servieren für das Kind nachhaltig sichtbar wird.

Mit Grundschülern könnte dies auf ähnliche Weise durchgeführt werden. Um jedoch den Bezug zur medialen Einflussnahme der Werbeindustrie herzustellen und die kritische Auseinandersetzung zu fördern, empfiehlt es sich, ein Kartoffelgericht zu kochen, das auch als Fertigprodukt beworben wird, zum Beispiel Kartoffelpüree. Das selbst gemachte Kartoffelpüree sollte im Vergleich zum Tüten-Püree ganz bewusst zubereitet und gegessen werden. Bereits beim Kochen kann der Er- wachsene auf Unterschiede der Farbe, des Geruchs, der Konsistenz aufmerksam machen. Später beim Essen können die Kinder sich über die geschmacklichen Unterschiede austauschen. Das Essen wird dadurch zu einem ganzheitlichen Erleb- nis, dessen Nachhaltigkeit wieder durch digitalisierte Dokumentation unterstützt werden kann. Mit Photoshop können die Kinder mit den unterschiedlichsten Effekten ein künstlerisches Foto von der servierten Mahlzeit erstellen, dieses vergrößert ausdrucken und als Werbeplakat zur Erinnerung an die Wand hängen. Eine weitere Idee wäre, einen eigenen multimedial aufbereiteten Werbeclip über das selbst gemachte Kartoffelpüree zu drehen.

Dies ist nur ein Beispiel, an dem das »Naturecode«-Prinzip verdeutlicht werden soll, das darin besteht, das einzelne Kind mit seinen existenziellen Belangen in den lebensweltlichen Gesamtkontext zu integrieren. Es soll das Bewusstsein geschaffen werden, dass die Natur alles Lebensnotwendige für uns bereithält. Kartoffeln wachsen als Knollen in der Erde an einer Pflanze. Die Milch kommt nicht aus der Tüte, sondern von der Kuh. Nudeln kann man aus Getreide selbst herstellen.

Mit Jugendlichen kann man Kochwettbewerbe durchführen, ähnlich wie die tägliche Kochshow auf VOX *Das perfekte Dinner*. Dadurch werden sie aus der passiven

---

4   Chicken Burger von McDonalds besteht aus gegrilltem Hühnchenfleisch, Salat, Tomate, Zwiebeln, Käse und Dressing.

5   http://www.youtube.com/watch?v=x-W4R9X5bfE (Zugriff: 11. 4. 2009).

Zuschauerrolle herausgenommen und in eine aktive Auseinandersetzung mit dem Thema Ernährung geführt. Der Eventcharakter solch einer Veranstaltung kann für den einzelnen Teilnehmer zu einem Impuls werden, die Ästhetik sowie Funktionalität der Nahrungsaufnahme miteinander zu verbinden. Oftmals löst es beim Einzelnen Interesse aus, sich mit Qualitätsunterschieden der Nahrungsmittel auseinanderzusetzen. Es führt immer wieder bei vielen Teilnehmern zu nachhaltiger Begeisterung, in der Nahrungsaufnahme nicht nur eine lebenserhaltende Notwendigkeit zu sehen, sondern diese mit genussvoller Lebensqualität zu verbinden. Das gesamte Event kann als Videoclip dargestellt werden. Interviews mit einzelnen Teilnehmern zu bestimmten Fragestellungen fördern die Selbstreflexion. Die normale Essensaufnahme kann dadurch zu einem ganzheitlichen Erlebnis mit Nachhaltigkeit werden.

Unabhängig davon können die Kinder und Jugendlichen als Gegenpol zur kommerziellen Werbeindustrie eigene Werbeclips über gesunde bzw. ungesunde Lebensmittel produzieren und durch den Einsatz von visuellen Spezialeffekten und audiomedialen Musikeinspielungen ihre eigene Einstellung dem Produkt gegenüber verdeutlichen.

Hieran anknüpfend stellt »Naturecode« den Zusammenhang zwischen gesunder Ernährung und körperlicher Gesundheit her. In enger Zusammenarbeit mit Spezialisten aus dem medizinischen Fachbereich, wie dem Zahnarzt, Frauenarzt, Schulmediziner und Alternativmediziner, dem Orthopäden oder Sportmediziner usw. können zum Beispiel Videoclips in Zahnarztpraxen gedreht werden, um den Patienten die Angst zu nehmen und die positiven Seiten der Prävention hervorzuheben. Es kann aber auch eine sportliche Aktivität, in Zusammenhang mit gesunder Ernährung, multimedial effektvoll dargestellt werden, um die Konsequenz der eigenen Zufriedenheit mit seiner Körperlichkeit zu verdeutlichen. Bei allem besteht das Ziel darin, die unterschiedlichen Fachbereiche miteinander zu verknüpfen, um gemeinsam eine holistische Gesundheitserziehung für Kinder und Jugendliche zu bewirken.

3.4. Existenzielle Fragen nach dem Sinn des eigenen Lebens

Je älter die Kinder und Jugendlichen werden, desto öfter kommt es vor, dass sich existenzielle Fragen aufdrängen. Im Zusammenhang mit der Personalisation sind die Fragen auf die eigene Existenz fokussiert. Kinder und Jugendliche fragen nach der Sinnhaftigkeit ihres Daseins. In Konfliktsituationen im familiären Kontext tritt manchmal sogar in sehr jungem Alter die Frage auf: »Bin ich eigentlich gewollt? Wenn ja, wozu bin ich eigentlich da? Wenn nein, warum gibt es mich trotzdem?« »Naturecode« kann durch das bewusste Betrachten der Natur auf diese Fragestellungen Antworten ermöglichen. Allein durch das Betrachten der Natur und durch die Erkenntnis der Sinnhaftigkeit, die in den Abläufen der Natur steckt, kann der Mensch rückbezüglich auf sich selbst die Sinnhaftigkeit der eigenen Existenz erkennen. Welchen Sinn hat zum Beispiel das kräftige Rot der Blütenblätter? Es gibt dem Insekt die Orientierung bei der Nektarsuche. Welchen Sinn haben die Gänge-Bauarbeiten der Regenwürmer im Acker? Sie lockern die Erde, sodass die Saat besser aufgehen kann. Das Kind könnte dadurch zu der Antwort gelangen: »Wenn es also Sinn hat, dass diese Blume und dieser Regenwurm existieren, dann hat es auch Sinn, dass es mich gibt.« Der Erwachsene, der Kinder und Jugendliche im Entwicklungsprozess der Personalisation begleitet, kann auf diese Art und Weise immer wieder Fragen nach dem Warum aufgreifen und gemeinsam mit dem jungen Menschen die Frage des Sinnzusammenhangs bearbeiten. Als Aufhänger und zum thematischen Einstieg können auch kritische Liedtexte aus den Charts verwendet werden, wie zum Beispiel »Stark« von Ich & Ich.[6] Dieser Titel und der dazu gehörige Videoclip können beispielhaft dazu verwendet werden, ein eigenes (Natur-) Video zum Thema eigener Lebenssinn zu drehen, um sich auf diese kreative Art mit der Thematik auseinanderzusetzen.

Die Frage nach dem Sinn der eigenen Existenz taucht insbesondere bei den anvertrauten Jugendlichen auf, die zum Beispiel durch einen Unfall mit körperlichen Schädigungen weiter leben müssen und durch die sie bestimmte, lieb gewonnene Aktivitäten in Zukunft nicht mehr ausüben können. Was macht das Leben dann noch für einen Sinn? Auch in solchen Situationen hat es sich als hilfreich erwiesen, eine Brücke zur Natur zu schlagen. Hier finden sich viele Beispiele von Lebewesen, die mit körperlicher Beeinträchtigung leben müssen. Wenn eine Libelle mit drei Flügeln dem Jugendlichen buchstäblich vor Augen führt, wie genial das Gehirn diese Beeinträchtigung kompensiert, sodass sie genauso grazil weiterfliegen kann wie mit vier Flügeln, kann er rückbezüglich auf sich selbst neuen Mut fassen, die eigene körperliche Beeinträchtigung so in seinen Lebensablauf zu integrieren, dass seine Existenz für ihn persönlich wieder Sinn gewinnt.

Ob und inwieweit die darauf aufbauende Frage nach einem höheren Wesen gestellt wird, hängt im Wesentlichen von der Grundhaltung des erwachsenen Begleiters ab und dem eigenen spirituellen Hintergrund der Kinder und Jugendlichen sowie vom situativen Kontext, in dem die gemeinsamen Aktivitäten stattfinden. Das »Naturecode«-Konzept bietet auch hierfür Ansätze, die sich auf grundsätzlich spirituelle Sehnsüchte beziehen können. Dies soll an dieser Stelle jedoch nicht weiter ausge-führt werden, da es für die hier betrachtete Thematik nur am Rand von Interesse ist und einen ganz eigenen Stellenwert im Bereich der Religionspädagogik einnimmt.

---

6   http://www.youtube.com/watch?v=4wsQk9c_J2M (Zugriff: 12. 4. 2009).

4. »Naturecode«-Praxisbeispiele zur Entwicklungsförderung der Sozialisation (menschliche Egalität)

Das »Naturecode«-Konzept setzt in dieser Kategorie altersgerechte didaktische Methoden zur Förderung der Kommunikationsfähigkeit und zur Konfliktbewältigung ein. Einerseits sollen eher zurückhaltende, auf Harmonie bedachte Kinder und Jugendliche dazu ermutigt werden, für ihre Meinung innerhalb einer Gruppe selbstbewusst einzutreten, und andererseits sollen Kinder und Jugendliche, die sehr selbstbehauptend und dominant auftreten, gefördert werden, sich tolerant und wertschätzend gegenüber anderen Menschen und Meinungen zu verhalten. Das vorrangige Ziel ist es, unter Kindern und Jugendlichen gegenseitiges Verständnis für die Andersartigkeit des anderen zu fördern und gerade in der Unterschiedlichkeit Chancen, anstatt Risiken zu entdecken. Dabei wird das einzelne Kind, eingebunden in seinem familiären Kontext sowie im Freundeskreis und seinen Beziehungen im Kindergarten und in der Schule, ernst und wahrgenommen.

4.1. Förderung der Kommunikationsfähigkeit

Die Kommunikation hat sich durch die modernen Medien innerhalb der letzten 20 Jahre radikal verändert. Kaum jemand kann es sich noch leisten, seine Meinung ausgeschmückt mit Adjektiven und erklärenden Randaspekten zu vertreten. Eine »SMS« muss reichen, um das Wesentliche zu vermitteln. Alles, was zu sagen ist, muss in 168 Zeichen passen. Darüber hinaus wird es zu teuer. Die vielen E-Mails müssen unbedingt zeitnah beantwortet werden, da bleibt keine Zeit für lange Worte, das Wesentliche soll ankommen. Da reichen auch zwei oder drei Sätze und ein Smiley, das lächelnd um Verständnis bittet, denn Zeit ist Geld. In »ICQ« existiert eine ganz eigene Sprache. Damit die digitale Echtzeit-Kommunikation noch schneller ablaufen kann, werden Abkürzungen, bestehend aus Ziffern und Buchstaben, verwendet, die auf der Tastatur schneller zu tippen sind. Dazu zählen zum Beispiel 4y = for you, n8 = Nacht (Kurzform von gn8 = gute Nacht), ka = keine Ahnung, k = ok, lol = laughing out loud, rolf = rolling on (the) floor laughing. Für Gefühlsregungen stehen eine große Auswahl von Smileys zur Verfügung, die mit einem Mausklick dem virtuellen Gegenüber die eigenen inneren Empfindungen offenbaren. Wird ein Kürzel zwischen zwei Sternchen gesetzt, bedeutet dies, der Autor tut es genau in diesem Moment. Zum Beispiel *g* = ich grinse, oder *fg* = fettes Grinsen oder fieses Grinsen. Diese feinen Unterschiede muss der Kommunikationspartner natürlich kennen, um die Botschaft richtig interpretieren zu können. Ein Noop (Newbie Neuling, Anfänger, Ahnungsloser) hat damit große Schwierigkeiten und wird mit seinen Interpretationen schnell falsch liegen. Er kann jedoch im Online-Lexikon auf Wikipedia die wichtigsten ICQ-Vokabeln nachschlagen, um sie sich einzuprägen.

Bei dieser extrem reduzierten, anonymisierten und technisierten Kommunikationsform sind Missverständnisse vorprogrammiert. Die isoliert vor dem Bildschirm sitzenden Menschen können sich beim Verstehen der Botschaft ihres Gegenübers nur auf das geschriebene Wort stützen. Die erwiesenermaßen weitaus wichtigeren Aspekte zur Förderung des besseren Verständnisses innerhalb der Kommunikation wie der Mimik, Gestik, des Tonfalls, der Körperhaltung können nicht hinzugezogen werden.

> Haben Sie sich schon einmal Gedanken darüber gemacht, wie zwischenmenschliche Verständigung eigentlich funktioniert? Viele Menschen überschätzen hier eindeutig den Anteil des gesprochenen Worts. Sie gehen davon aus, dass wir zu 70 Prozent auf verbaler Ebene kommunizieren und uns nur zu 30 Prozent mittels Gestik und Mimik austauschen. Die Wirklichkeit sieht allerdings ganz anders aus: Das gesprochene Wort macht gerade mal drei Prozent der zwischenmenschlichen Kommunikation aus. 97 Prozent der Verständigung laufen hingegen im nonverbalen Bereich. Dies bedeutet, dass es anstelle des Inhalts vielmehr darauf ankommt, WIE etwas ausgedrückt wird. Gestik, Mimik, Tonfall, aber auch Husten, Räuspern und Klatschen sowie Schmuck und Kleidung – vieles spielt bei der zwischenmenschlichen Kommunikation eine große Rolle.[7]

»Naturecode« soll Kinder und Jugendliche durch gezielte Angebote miteinander in die direkte Kommunikation führen und damit einen Kontrapunkt gegenüber der wortreduzierten, sehr floskelhaften, comicartigen und missverständlichen Kommunikationsform im Internet und mit dem Handy setzen. Im Gegensatz zur anonymisierten Kommunikation im virtuellen Netz besteht der Kern der Face-to-face-Kommunikation in der realen Welt in der Selbstoffenbarung. Denn im Sinne von Paul Watzlawick kann der Mensch nicht *nicht* kommunizieren.[8] Außerdem hat »jede Kommunikation einen Inhalts- und einen Beziehungsaspekt, derart, dass letzterer den ersteren bestimmt und daher eine Metakommunikation ist«.[9]

Das bedeutet, allein in der Begegnung kommuniziert der Mensch bereits, wenn auch nonverbal, durch die Art und Weise, wie er auftritt. Darüber hinaus kann sich echtes Verständnis nur in der direkten Auseinandersetzung auf der Beziehungsebene entwickeln. Auf dieser Ebene findet die eigentliche Kommunikation über der inhaltlichen Debatte statt. Vor dem Bildschirm bleibt der Mensch in der inhaltlichen, somit niedrigeren Kommunikation stecken.

Über »Naturecode« hingegen sollen Menschen in eine direkte Begegnung geführt werden, sodass Metakommunikation erlebbar werden kann. Die Angebote hierfür sind grundsätzlich Gruppenangebote und überwiegend für die Altersgruppe ab

---

7   http://www.wissen.de/wde/generator/wissen/ressorts/bildung/index,page=1309308.html
    (Zugriff: 15. 4. 2009).
8   Erstes Axiom; vgl. Watzlawick, Beavin und Jackson 2000, S. 53.
9   Ebd., 56.

sechs Jahren vertreten. Natürlich findet die Auseinandersetzung mit anderen Kindern bereits im Kindergartenalter statt. Der Unterschied besteht jedoch im Kernaspekt der Kommunikation. In diesem Alter besteht das Ziel der Kommunikation in erster Linie darin, dass das Kind sich selbst in seiner Einzigartigkeit und Individualität begreifen lernt. Dies geschieht jedoch weniger im direkten Vergleich mit der Andersartigkeit des anderen.[10]

Die »Naturecode«-Angebote betreffen Themen wie Familie, Freundschaften, Rollen innerhalb der Peergroup, Mobbing, eigene Grenzen wahrnehmen und die der anderen akzeptieren, Balance zwischen Anpassung und Durchsetzungsvermögen, Teamfähigkeit, Integration von Andersartigkeit und vieles mehr. Diese werden im Sinne von »Naturecode« altersgerecht didaktisch aufbereitet. Zum Beispiel könnte die Aufgabe lauten, jedes Kind, jeder Jugendliche sucht sich Naturmaterialien, wie Moos, Steine, eine Blume, Wasser, ein Blatt oder einen Ast entsprechend der Anzahl seiner Familienmitglieder. Die Materialien sollen zum Charakter des jeweiligen Familienmitgliedes passen. Es soll etwas über das Wesen der Person aussagen. Diese Gegenstände werden nun auf dem Boden zueinander in Beziehung gelegt. Die Gruppe geht von Bild zu Bild, und der Gestalter erzählt über seine Familie, warum er welches Material gewählt und warum er die Materialien auf diese Weise zugeordnet hat. Dabei gelten vorher vereinbarte Kommunikationsregeln für die ganze Gruppe. Jeder hört jedem wertschätzend zu. Keiner bewertet die inhaltlichen oder bildhaften Darstellungen des anderen in irgendeiner negativen Form. Der Darstellende entscheidet selbst, wie viel er erzählen und was er für sich behalten möchte. Niemand wird durch Fragen darüber hinaus bedrängt.

Eine andere Aufgabe in Bezug auf den Familienkontext könnte darin bestehen, im Wald einen Baum zu suchen, der als Stammbaum für die Familie geeignet ist. Wenn möglich wird die Familie dazu eingeladen. Alle miteinander begeben sich auf die Suche nach dem optimalen Baum. Sie unterstützen sich beim Beklettern des Baumes und überlegen sich die richtige »Anordnung der Familie« im Baum. Wenn jeder seinen Platz gefunden und eingenommen hat, wird von unten ein Foto der Familie gemacht. Durch diese Übung kommt die Familie automatisch über sich und ihre individuellen Konstellationen ins Gespräch. Darüber hinaus können weitere Recherchen über frühere Ahnen erfolgen. Es kann zu einer intensiven Auseinandersetzung über die eigene Familiengeschichte führen und dadurch zu einem tieferen gegenseitigen Verständnis.

»Naturecode« verwendet Beispiele aus der Tierwelt, bei Themen um Freundschaften, Ehe,[11] um Vertrauen, um selbstlose Hingabe[12] für andere Menschen oder

---

10 Oerter und Montada 2002.
11 Das Beispiel der Schwäne könnte hinzugezogen werden.
12 Hier ist an den Ochsenfrosch zu denken.

um Abschiednehmen bei Trennung oder Tod.[13] Dafür nutzen »Naturecode«-Mitarbeiter Fernsehbeiträge aus Naturdokumentationen oder DVDs über die Faszination der Tierwelt in der Luft, auf der Erde oder im Meer. Auch wenn hierfür mediales Material verwendet wird, sind es Beispiele aus der Natur, mit denen der pädagogische Begleiter eine Brücke zu den eben genannten Themen schlagen kann. Über die Auseinandersetzung der Verhaltensweisen innerhalb der Tierwelt können sich die Kinder und Jugendlichen aus einer gewissen Distanz heraus vorsichtig ihren eigenen Themen nähern. Sie können sich eine Zeit lang ganz allgemein über die Thematik Gedanken machen, bis sie die Scheu verlieren, diese Überlegungen auf sich selbst zu übertragen. Immer wieder können »Naturecode«-Mitarbeiter dabei erleben, wie anfängliche Zurückhaltung, sich zu öffnen, überwunden wird und einzelne Kinder plötzlich von ihrem persönlichen Leben, ihren Einstellungen, ihren Grenzen und Zweifeln erzählen. Diese Offenheit wiederum motiviert andere Gruppenteilnehmer dazu, sich auch zu öffnen. Durch diesen ehrlichen Austausch wachsen Vertrauen und Verständnis zwischen den Kindern und Jugendlichen und darüber hinaus in ihrem sozialen Kontext.

4.2. Förderung der Konfliktbewältigung

Immer wieder geraten Kinder und Jugendliche in Konfliktsituationen an ihre persönlichen Grenzen und benötigen Unterstützung bei der Entwicklung von konstruktiven Lösungsstrategien. »Naturecode« soll in dieser Hinsicht präventiv arbeiten, sodass Kinder und Jugendliche effektive Strategien kennenlernen, mit denen sie zukünftigen Konflikten selbstsicher begegnen können. Hierfür bietet »Naturecode« Videoworkshops an, in denen die Teilnehmer multimedial aktuelle Themen erörtern, die von breitem öffentlichem Interesse sind und von ihrer Altersgruppe konträr diskutiert werden. Die Themenauswahl[14] ist somit offen und wird von den Teilnehmern des Workshops selbst festgelegt. In der methodischen und inhaltlichen Auseinandersetzung entwickeln die Kinder automatisch Konflikt-bewältigungsstrategien im Umgang mit konträren Meinungen und der mehr oder weniger dominanten Art der Meinungsäußerung. Sie lernen ebenso, dem anderen zuzuhören, wie sich für ihre eigene Meinung einzusetzen. Sie lernen, sich selbst und den anderen zu reflektieren und sich ggf. abzugrenzen oder anzunähern. Dieser Prozess wird bei jeder Vorführung des Endproduktes erneut in Gang gesetzt, sodass auch über den Workshop hinaus mit anderen Personen das Thema weiter diskutiert und reflektiert wird.

---

13 Hier sind als Beispiel Elefanten zu nennen.
14 Beispiele dafür: Happy Slapping, Mobbing, Ausländer, Asoziale usw.

»Naturecode« bietet einwöchige Wanderungen für Kleingruppen mit bis zu 12 Kindern eines Alters an. Es werden altersgerechte Freizeitangebote gestaltet, die die Kinder und Jugendlichen immer wieder an ihre Grenzen führen. Egal bei welchem Wetter, alles findet draußen in der Natur statt. Das ist für die meisten Teilnehmer sehr außergewöhnlich, sodass die emotionale Anspannung bei vielen sehr hoch ist. Immer wieder müssen die Teilnehmer im Laufe dieser Woche Strategien entwickeln im Umgang miteinander. Durch naturbezogenes Setting ist ein Rückzug jederzeit möglich.[15] Auf den Wanderungen kann man sich gut aus dem Weg gehen, etwas abseits der Gruppe alleine wandern und seinen Gedanken nachgehen oder aber auch die Gelegenheit nutzen, andere Meinungen zu hören und darüber nachzudenken. Abends kann eine gemütliche Lagerfeueratmosphäre dabei helfen, über die persönlichen (Grenz-)Erfahrungen zu reflektieren und sich mit der Perspektive des anderen auseinanderzusetzen. Der pädagogische Begleiter sollte in diesem Prozess auf konstruktive und destruktive Bewältigungsstrategien achten, diese aufdecken und die konstruktiven bzw. destruktiven Aspekte mit allen Teilnehmern nachhaltig herausarbeiten.

5. »Naturecode«-Praxisbeispiele zur Entwicklungsförderung der Enkulturation (untergeordnete Ebene)

Das »Naturecode«-Konzept setzt in dieser Kategorie altersgerechte didaktische Methoden zur allgemeinen Wertebildung ein. Dabei sollen die interkulturelle Auseinandersetzung und die Identifikation mit der eigenen Kultur gefördert werden. Im Zentrum der »Naturecode«-Angebote steht in dieser Kategorie jedoch die Förderung des ökonomischen sowie ökologischen Verständnisses im gesamtgesellschaftlichen Kontext.

5.1. Förderung der interkulturellen Auseinandersetzung

Im Kindergartenalter beginnt die Auseinandersetzung mit den unterschiedlichen Kulturen bereits mit dem Erlebnis, dass ein Kind oder mehrere Kinder eine andere Hautfarbe haben oder eine andere Sprache sprechen als man selbst. Auch die Kleidung ist eine ganz andere als die eigene. Martins Mutter zum Beispiel trägt Jeans und ein T-Shirt, die Mutter von Achmet ein langes Kleid und ein Kopftuch. Auch das Frühstücksbrot sieht ganz anders aus, und bei Festen kann Achmet bestimmte Speisen gar nicht essen. Diese Dinge sind offensichtlich und werden in vielen Kindergärten thematisch aufgegriffen.

---

15 Fischer und Lehmann 2009.

Mit dem »Naturecode«-Konzept können Erzieherinnen und Pädagogen darüber hinaus das Bewusstsein und Verständnis für die Andersartigkeit fördern, indem sie die ökologischen und ökonomischen Aspekte der unterschiedlichen Kulturen aufgreifen. Es können interkulturelle Nachmittage in Kindergarten oder Schule gestaltet werden, zu denen die Eltern in ihrer traditionellen Kleidung eingeladen werden und das Büfett aus mitgebrachten traditionellen Speisen der unterschiedlichen Nationen besteht. Zwei oder drei Familien, die im Vorfeld angesprochen werden, können Fotos über ihre Heimat, einen kleinen Hobbyfilm, eine Diashow oder eine Power-Point-Präsentation zeigen und über ihr Herkunftsland berichten. Leben die Menschen eher isoliert oder als Großfamilie zusammen? Welche Tiere gibt es? Woran und wie arbeiten die Menschen? Wie sehen die Häuser aus, in denen sie wohnen? Ist das Land bergig oder flach, gibt es Wüsten oder Wälder, eher Steppe oder Strand und Meer? Fragen wie diese könnten bei der Vorstellung als Leitfaden dienen. Die persönliche Form der Darstellung kann für die Teilnehmer eine positive Unterstützung sein bei der Entwicklung des eigenen interkulturellen Verständnisses.

Es könnte auch ein multikultureller Garten mit den unterschiedlichen Pflanzen angebaut werden. Dabei müssten zum Beispiel Fragen des besten Standortes für einen Zitronenbaum im Gegensatz zu einem Apfelbaum geklärt werden. Es könnte ein deutscher, italienischer, spanischer oder türkischer »Teilgarten« angelegt werden. Die Kinder könnten sich dann gegenseitig in ihren »Heimatorten« besuchen gehen und die unterschiedlichen Früchte vom Baum pflücken, um sie gemeinsam zu essen.

Um den Prozess nachhaltig zu gestalten, können die Kinder oder Jugendlichen sich eigene Geschichten von den Familien aus anderen Ländern und Kulturen ausdenken, dazu eine Art Drehbuch schreiben, die Rollen verteilen und einstudieren, um daraus einen Kurzfilm zu drehen. Empfehlenswert ist es, solche Projekte als thematischen Workshop an einem bzw. mehreren Wochenenden oder für eine Ferienwoche zum Thema »Geschichten aus aller Welt« anzubieten.

In dieser intensiven und kreativen Auseinandersetzung mit anderen Kulturen wird automatisch die eigene Kultur reflektiert und Fragen nach dem Warum gestellt: »Warum machen wir es so und nicht anders?« Damit wird die familiäre Diskussion gefördert und auch die Eltern treten in den reflexiven Prozess ein. Je nachdem, wie intensiv sich die persönliche Auseinandersetzung gestaltet, vollzieht das Kind oder der Jugendliche eine mehr oder weniger starke Identifikation mit der eigenen Kultur.

5.2. Förderung des ökologischen und ökonomischen Verständnisses

In diesem Bereich kann »Naturecode« aus dem Vollen schöpfen. Es gibt unendlich viele ökologische sowie ökonomische Themen, die Kinder und Jugendliche faszinieren und neugierig machen. Diese Neugierde soll mit den »Naturecode«-Angeboten befriedigt werden. So kann zum Beispiel ein »Insektenhochhaus« aus unterschiedlichen Materialien, in denen Insekten leben, gebaut werden. Dazu sind verwendbar Stroh, ein Baumstamm, Moos, Laub, Steine. Nach einiger Zeit werden Insekten in die für sie perfekte »Wohnung« beziehungsweise in das Naturmaterial einziehen, und die Kinder können sie beim »Einrichten« beobachten. Oder es können Heuschrecken in einem Terrarium beobachtet werden, wie sie sich vermehren, wie Babyheuschrecken geboren werden und wie schnell sie auf die Größe von 5 cm wie ihre Eltern wachsen. Darüber hinaus müssen Überlegungen angestellt werden, was eine Heuschreckenfamilie zum Leben alles braucht. Dementsprechend muss das Terrarium mit den richtigen Pflanzen ausgestattet werden, dem richtigen Bodenmaterial. Außerdem muss die Frage der Ernährung geklärt sein. Was geschieht mit den Heuschrecken, wenn sie ausgewachsen sind und aus dem Terrarium entlassen werden? In welchen Lebensraum sollten sie freigelassen werden? Wo wirken sie zerstörerisch auf andere Pflanzen und in welchem Lebensraum sind sie eine optimale Ergänzung für das Biotop?
»Naturecode« soll aufgrund von ökologischen Überlegungen die biologischen Wechselwirkungen innerhalb der Natur verdeutlichen. Kinder werden durch »Naturecode« dafür sensibilisiert, dass jedes Tier und jede Pflanze im biologischen Lebensraum einen Sinn für die biologische Balance hat. Regen ist zum Beispiel auch im Sommer wichtig, damit die Pflanzen nicht verdursten. Ein Winter mit hohen Minustemperaturen reguliert die Menge der Insekten im folgenden Frühjahr. In der Tierwelt spricht man von der Räuber-Beute-Beziehung, die jedoch nur in freier Natur ausgeglichen funktioniert. Räuber, zum Beispiel der Fuchs, ernährt sich von seiner Beute, dem Hasen. Werden beide im Laborversuch zusammengeführt, so sterben sowohl Räuber als auch Beute nach kurzer Zeit aus. Der Fuchs rottet die Hasen aus und verhungert anschließend. In der Natur bildet sich zwischen Räuber und Beute jedoch häufig ein komplexes ökologisches Zusammenspiel, das die Koexistenz beider erlaubt.[16] Wenn es viel Beute gibt, pflanzen sich die Räuber stärker fort, nimmt die Menge der Beute ab, gibt es nach kurzer Zeit jedoch auch weniger Räuber und umgekehrt. Die Räuber-Beute-Beziehungen sind also

---

16 Vgl. Beyer 2005, S. 338–339. Dieses Zusammenspiel kann anhand der Volterra'schen Regeln nachgewiesen werden: 1. Ernährt sich eine Art von der anderen, so ergeben sich für Beute und Räuber phasisch gegeneinander verschobene Häufigkeitskurven. 2. Die Populationen von Räuber und Beute schwanken jeweils um einen Mittelwert. 3. Vermehrter Schutz der Beute lässt die Häufigkeit beider Arten zunehmen. Nach einer gleich starken Verminderung beider Arten nimmt die Beutepopulation schneller zu als die des Räubers.

interdependent miteinander vernetzt, sodass unter natürlichen Bedingungen eine Ausgewogenheit, eine biologische Balance, besteht. Hierfür gibt es mannigfaltige Beispiele aus den Lebenswelten der Kinder. Wichtig ist es, ein Beispiel mit Tieren zu wählen, die den Kindern bekannt sind und die sie eventuell sogar beobachten können.[17]

Wenn die Möglichkeit besteht, kann auch eine naturwissenschaftliche Forscherwerkstatt eingerichtet werden. Denn der Forscherdrang von Kindern ist groß und sollte durch Angebote sinnvoll und zielgerichtet aufgegriffen werden. Den Forschungsaufträgen sind dabei kaum Grenzen gesetzt, es sei denn in ethischer Richtung. Bei allen Versuchen sollte der pädagogische Betreuer darauf achten, Leben zu schützen. So sollte neben okularen Mikroskopen unbedingt ein binokulares Mikroskop zur Ausstattung gehören. Mit diesem können Kleintiere, Insekten, Käfer, Spinnen, Wespen lebendig betrachtet werden, ohne dass ihnen Schaden zugefügt wird. Mit einem Beamer werden die grazilen Bewegungen für die ganze Gruppe auf der Leinwand sichtbar gemacht, sodass alle gemeinsam ins Staunen geraten. »Naturecode« hat bereits mehrfach Workshops mit dem Binokular durchgeführt, dabei durften die Mitarbeiter erleben, wie nicht nur Kinder, sondern auch die Erwachsenen fasziniert waren über die Farbenpracht des Panzers eines Käfers, der für das normale Auge nur schwarz aussah. In diesem Ansatz werden die Medien als »Erweiterung unserer Sinne« wahrgenommen. So lernen schon die Kinder, die Medien als Sinneserweiterung und nicht als Berieselungsinstanz zu erleben.

Mit »Naturecode« können auch Fragen des Umweltschutzes bzw. Umweltschmutzes aufgegriffen werden. Wodurch gerät das biologische Gleichgewicht aus der Balance? Was macht uns Menschen krank? Luftverschmutzung, Wasserverschmutzung sind Themen, die Kinder beschäftigen. Warum tragen die Menschen in China einen Mundschutz? Warum darf ich im Urlaub kein Wasser aus dem Wasserhahn trinken? Wodurch geschieht es, dass bestimmte Tierarten aussterben?

Für einige Themen empfehlen sich Experimente aus dem direkten Lebensumfeld der Kinder, speziell für die Altersgruppe der 6- bis 15-Jährigen. Als ein exemplarisches Beispiel können die Kinder den Auftrag bekommen, ein leeres Glas oder eine leere Blechdose mit Klebeband zu bespannen, sodass die klebrige Seite nach oben zeigt. Dafür suchen sie sich einen Standort in ihrer Umgebung aus, an dem sie den Sauberkeitsgrad der Luft messen wollen, so zum Beispiel am nahe gelegenen See oder im Wald, an der Hauptstraße im Ort oder an der Tankstelle. Täglich wird das Aussehen des Klebestreifens kontrolliert, werden Fotos gemacht und die Beobachtungen in einem Tagebuch dokumentiert. Nach einer Woche werden die Abstände der Beobachtung auf eine wöchentliche Dokumentation verlängert, nach vier Wochen endet das Experiment, die Ergebnisse werden zusammengetragen. Bei der anschließenden Präsentation der Ergebnisse sind der Kreativität des einzelnen

---

17   Beispielsweise Spinne/Insekten; Bussard/Maus; Maulwurf/Regenwurm usw.

»Forschers« keine Grenzen gesetzt. Die Fotos könnten digital bearbeitet und zu einer multimedialen Präsentation zusammengestellt und vorgeführt werden. Es besteht auch die Möglichkeit, die Vorstellung in Form einer Ausstellung darzubieten usw.

6. »Naturecode«-Praxisbeispiele zur Entwicklungsförderung der Spiritualisation (übergeordnete Ebene)

Das »Naturecode«-Konzept setzt in dieser Kategorie altersgerecht didaktische Methoden zur Auseinandersetzung mit übergeordneten Glaubenssystemen ein. In der Auseinandersetzung mit den Phänomenen in der Natur werden die Kinder und Jugendlichen immer wieder erleben, dass Fragen unbeantwortet bleiben müssen. Vieles kann experimentell erforscht, durch konkrete Ergebnisse etliche Zusammenhänge verständlich gemacht werden, dennoch gibt es immer wieder unergründbare Aspekte, bei denen die persönliche Antwort der Kinder und Jugendlichen allein im großen Staunen und in der Faszination über unfassbare Phänomene besteht. Fragen, wie »Woher kommt das Leben?«, »Wie ist die Welt entstanden?«, »Wie wird das Universum mit seinen Planeten zusammengehalten?«, »Gibt es hinter dem Universum noch eine andere Form von Leben?« führen die Kinder und Jugendlichen in die Auseinandersetzung zwischen Evolutionstheorie und Kreationismus. Ist es eher Zufall, dass die Welt, so wie wir sie erleben und ansatzweise verstehen, existiert? Oder gibt es einen Gott oder ein gottähnliches Wesen, das die Welt gestaltet hat? Das sind Glaubensfragen, mit denen sich die Kinder und Jugendlichen automatisch auseinandersetzen, wenn sie durch die Naturerlebnisse an die Grenzen des Verstehens kommen. An diesen Grenzen bleibt oftmals nur das Überzeugtsein von Vermutungen übrig, die für den Jugendlichen zu Beginn noch logisch begründet erscheinen, in letzter Konsequenz jedoch nicht beweisbar sind. Dies gilt sowohl für den evolutionstheoretischen Ansatz als auch für den des Kreationismus.

Um adäquat auf die offenen Fragen der Kinder reagieren zu können, müssen »Naturecode«-Mitarbeiter sich selbst mit den unterschiedlichen Aspekten auseinandergesetzt haben. Es muss das Bewusstsein existieren, dass sie als Begleiter von Kindern und Jugendlichen eine Vorbildfunktion hinsichtlich der Wertebildung sowie in ethisch und moralischen Einstellungen einnehmen. Deshalb sollten sie sich nicht scheuen, von ihren persönlichen Erfahrungen zu erzählen und authentisch über ihre eigenen offenen Fragen zu sprechen, Zweifel zu äußern, aber auch positive Überzeugungen zu vertreten, die ihrem eigenen Leben Sinn geben. Dabei geht es nicht vorrangig darum, abschließende allgemeingültige Antworten auf ethische oder moralische Fragen zu haben, sondern die eigene Auseinandersetzung authentisch mit in die auftretenden Diskussionen der Jugendlichen einzubringen. Wenn die Kinder und Jugendlichen erfahren, dass auch Erwachsene zweifeln und über existenzielle Aspekte des Lebens irritiert sind oder unbeantwortete Fragen haben, weil sie Leid erleben oder unter dem Eindruck stehen, allein gelassen worden zu sein, Trauer oder Ungerechtigkeit erleben, nach dem Sinn des Leids fragen, werden auch sie den Mut aufbringen, ihre eigenen Ängste und kritischen Überlegungen zu äußern.

Kinder und Jugendliche suchen Antworten auf Fragen zu Gewalt, Beziehungs-problemen, Scheidung, Abtreibung, Treue, Freundschaft, Sexualität, Streitkultur, Krieg, Armut, multikulturelle Unterschiede, mediale Manipulation, Unterdrückung, Kriminalität usw. Im Zentrum des pädagogischen Interesses von »Naturecode« stehen hierbei sozialgesellschaftliche Themen, die von den Kindern und Jugend-lichen selbst angesprochen werden und die wiederum kreativ, multimedial in Szene gesetzt werden sollten, um eine nachhaltige Auseinandersetzung zu fördern.

Für die gesunde Entwicklung der Jugendlichen ist es wichtig, ihnen während des Prozesses genügend Raum für kritische und konträre Diskussionen zu ermöglichen. Der Erwachsene übernimmt dabei die Funktion des zurückhaltenden Begleiters, der die Kreativität der Jugendlichen konstruktiv unterstützt und auf Verständnisfragen reagiert. Denn nur wenn ihnen in aller Ehrlichkeit die Freiheit zum Experimen-tieren und Querdenken ermöglicht und wertschätzende Aufmerksamkeit entgegen-gebracht wird, werden sie bereit sein, auch den Erkenntnissen der Betreuer zuzuhören und diese reflexiv mit in ihre Überlegungen einzubeziehen. Eben diese enge Beziehung zwischen den Jugendlichen und ihren Betreuern ist es, die eine vertrauensvolle Hinwendung der Jugendlichen zu Fragen der Identitäts- und Sinn-findung ermöglicht und beim Finden der für sie relevanten und zukunftsträchtigen Antworten unterstützend wirkt.

Inwieweit konkrete Fragen zu unterschiedlichen Religionen auftreten werden, hängt überwiegend von der Zusammensetzung der Gruppe ab, in welchem institutionellen Kontext die gemeinsamen Treffen stattfinden und welche religiöse Überzeugung der Leiter selbst hat. Jeder Gruppenleiter sollte sich jedoch darüber klar sein, dass gerade die Frage nach Gott als Gott der Christenheit in den Kontext der christ-lichen Prägung der deutschen Kultur gestellt werden könnte. Um darauf gut vor-bereitet zu sein, muss er sich selbst mit der Thematik auseinandersetzen: Gibt es einen Gott und wenn ja, hat das etwas mit mir zu tun, und wenn ja, wie kann dieser in das eigene Weltbild integriert werden? Mitarbeiter, die für sich selbst diese Frage reflektiert haben, können den Fragestellungen der Kinder und Jugendlichen in aller Offenheit adäquat begegnen und ihre subjektive Überzeugung vertreten. Ganz gleich, in welche Richtung die eigene religiöse Erkenntnis geht, das Bekennen muss immer als subjektive Überzeugung dargestellt und im Sinne des Menschenrechts der Religionsfreiheit den Kindern und Jugendlichen eigener Raum zur eigenen Glaubenserkenntnis gelassen werden.

7. »Naturecode« als Intervention

7.1. Beratung bei Alltagsschwierigkeiten

Das »Naturecode«-Konzept ist mit seiner Methodenvielfalt nicht nur zur Prävention geeignet, sondern auch zur Intervention. Immer wieder geraten Kinder und Jugendliche in Grenzsituationen, in denen sie Schwierigkeiten haben und eine Lösung suchen. Beispiele aus der Natur können Ideen auslösen und neue Perspektiven für die eigene Situation aufzeigen. Meistens betreffen die Konflikte die zwischenmenschlichen Beziehungen. Dafür hält die Natur etliche Beispiele bereit, anhand derer destruktive und konstruktive Beziehungsmuster verdeutlicht werden können. Wenn also ein Kind oder Jugendlicher sein aktuelles Problem in einer Beziehung, einer Freundschaft erzählt, kann dies vom Gruppenleiter aufgegriffen und unter Zuhilfenahme eines passenden Beispiels aus der Natur betrachtet werden. Anhand von Beziehungsmustern innerhalb der Natur können zum Beispiel die Thematiken gegenseitiger Abhängigkeit bzw. Unabhängigkeit verdeutlicht werden. Verschiedene Arten aus der Tierwelt zeigen Beziehungsmöglichkeiten wie Konkurrenz, Räuber-Beute-Beziehungen, Parasitismus[18] und Symbiose.[19]

Ein auch für die Kinder sehr bekanntes Beispiel für Parasitismus ist zum Beispiel das Verhalten des Kuckuck als Brutparasit. Der Kuckuck legt sein Ei in das Nest einer anderen Vogelart und lässt es von dieser ausbrüten. Er parasitiert bei brutpflegenden Tieren, was zum späteren Zeitpunkt ein echtes Problem werden kann, nämlich wenn es darum geht, genügend Futter für die Brut zu finden. Durch den wesentlich schneller wachsenden und größer werdenden Kuckuck besteht die Gefahr, dass die eigenen Küken übersehen werden und verhungern. Übertragen auf die eigene Beziehung, in der die Abhängigkeit dominiert, kann das bedeuten, dass sich ein Partner so stark anpasst, dass er sich selbst aufgibt, seine Bedürfnisse unbefriedigt bleiben und er nach und nach »verhungert«.

Das Beispiel einer Symbiose-Beziehung könnte weiterführend als Lösungsidee dienen, wie eine Beziehung trotz aller Unterschiedlichkeit im Denken und Fühlen, im Lebensstil zu einer Beziehung werden kann, in der beide Partner zufrieden sind. Hierfür kann beispielhaft die Beziehung zwischen Ameisen und Blattläusen betrachtet werden. Die Ameisen geben den Blattläusen Schutz vor Feinden, zum

---

18 Parasitismus bezeichnet Nahrungserwerb aus einem anderen Organismus, wobei dieser auch als Wirt bezeichnete Organismus entweder gar nicht oder aber erst zu einem späteren Zeitpunkt geschädigt wird; vgl. Beyer 2005, S. 342.

19 Symbiose bezeichnet das Zusammenleben von unterschiedlichen Arten. Dieses Zusammenleben ist für beide Partner vom Vorteil, man spricht vom Zusammenleben zweier Arten zum wechselseitigen Nutzen. Hierbei wird der Partner jeweils vom anderen kontrolliert und überwacht, sodass ein Ausnutzen einer Leistung ohne Gegenleistung verhindert wird; vgl. Beyer 2005, S. 343.

Beispiel den Marienkäfern, im Gegenzug dazu lassen sich die Blattläuse von den Ameisen »melken«. Dafür sondern sie eine Zuckerlösung ab, deren Einnahme für die Ameisen lebensnotwendig ist.

Auch die Auseinandersetzung mit der lebenslangen Zweierbeziehung von Schwänen kann Fragen auslösen: Wie kann die Chance erhöht werden, dass eine Beziehung ein Leben lang hält? Gerade in Bezug auf die Entscheidung, eine Ehe einzugehen, haben etliche Jugendliche Befürchtungen, Zweifel und Unsicherheiten. Ihnen kann die Aufgabe gegeben werden, sich mit dem Lebensverlauf eines Schwanenpaares auseinanderzusetzen. Dafür gibt es die Möglichkeit der Beobachtung in der Natur, das Recherchieren im Internet oder das Anschauen eines Dokumentarfilms. Es können wiederum Kleingruppen gebildet werden, die zu einem vereinbarten Treffen alle Informationen zusammentragen, diese vorstellen und mit der ganzen Gruppe gemeinsam überlegen, welche Bedeutung die Inhalte für das menschliche Leben haben.

7.2. Beratung bei existenziellen Schwierigkeiten

Das »Naturecode«-Konzept stellt auch eine ganzheitliche Form der therapeutischen Beratung bei existenziellen Schwierigkeiten dar. An dieser Stelle sei exemplarisch die psychische Verhaltensstörung bei der Onlinespielsucht hervorgehoben, weil daran sehr konkret die Notwendigkeit der werteorientierten Medienpädagogik deutlich gemacht werden kann.

> Onlinesucht ist die Integration des Lebens ins Internet und nicht – so wie es eigentlich sein sollte – die Integration des Internets ins Leben![20]

Nationale und internationale Studien über das Ausmaß der Onlinesucht haben Prävalenzraten zwischen 3 %[21] und 13 %[22] Menschen mit Onlinesucht ergeben,[23] das sind zwischen 1,6 Mio. und 7,1 Mio. Betroffene weltweit. Die Forschung auf diesem Spezialgebiet ist noch sehr jung. Die Zahlen weisen deshalb immer noch eine deutliche Schwankung auf.[24] Gabriele Farke, die deutsche Expertin für das Thema Onlinesucht, sieht in erster Linie für die Betroffenen selbst sehr alltags-

---

20 http://www.onlinesucht.de (Zugriff: 21. 1. 2011).

21 Vgl. Hahn et al. 2001, erste Studie der Humboldt-Universität Berlin.

22 Vgl. österreichische Studie von Primarius Dr. Hans D. Zimmerl, MD, und B. Panosch, MD, Wien (1999); siehe http://e-health.at/zimmerl/chat-teil1.html (Zugriff: 10. 8. 2009).

23 Vgl. Eichenberg 2003, S. 100–105.

24 Vgl. Chronologie der Erforschung der Internetsucht von Primarius Dr. Hans Zimmerl, Facharzt für Psychiatrie und Neurologie, Innsbruck; siehe http://e-health.at/zimmerl/internetsucht.html (Zugriff: 10. 8. 2009).

bezogene Kennzeichen eines Suchtverhaltens zur schnellen und einfachen Selbst-
diagnose:

- »In Ihrer Partnerschaft beginnt es zu kriseln, weil es ständig Krach wegen des Computers gibt.
- Freunde beschweren sich, weil Ihre Telefonleitung ständig besetzt ist.
- Telefon- und Internetkosten erreichen schwindelnde Höhen.
- Schulden wachsen an – Mahnbescheide flattern ins Haus.
- Das Interesse an realen Geselligkeiten lässt merklich nach.
- Besuch ist eher lästig geworden, weil Sie doch viel lieber am Computer sitzen würden.
- Falls Sie (noch) berufstätig sind, lässt Ihr Elan und Engagement im Betrieb merklich nach.
- Ihnen macht der mangelnde Schlaf zu schaffen und Sie sind erschöpft.
- Sie gehen, statt real zu shoppen, viel lieber online einkaufen.
- Ihre Kondition lässt merklich nach, da die Bewegung an der frischen Luft fehlt.
- Sie fühlen sich nicht mehr in die Familie integriert, sondern eher als Außen-seiter.
- Das Gefühl, von Freunden, Kollegen und der Familie nicht mehr verstanden zu werden, bestätigt sich täglich.
- Sie kapseln sich mehr und mehr von Ihrem ›alten Leben‹ ab.«[25]

Wenn mehrere der oben genannten Kriterien zutreffen, sollte der Betroffene
darüber reflektieren, ob er sein Onlineverhalten noch unter Kontrolle hat und in
der Lage ist, seine Onlinezeiten zu reduzieren bzw. eine Zeit lang ganz auf das
Internet zu verzichten. Sollte dies nicht der Fall sein, und der Betroffene wird von
seiner Onlineleidenschaft beherrscht, anstatt sie selbst zu beherrschen, dann wird
im Allgemeinen von Sucht gesprochen.
Kinder und Jugendliche, die durch die anfängliche Faszination von Technik, durch
immer realistischer wirkendes 3D-Design und durch die grenzenlosen Abenteuer in
der virtuellen Welt, Suchtverhalten entwickelt haben, benötigen professionelle Hilfe,
um das exzessive Verhalten in eine gesunde Verhaltensform zu kanalisieren und
ihren ins Ungleichgewicht geratenen seelischen und körperlichen Zustand wieder in
eine gesunde Ausgewogenheit zu bringen.

---

25 Farke 2007, S. 19.

Bei allen kritischen und aufklärerischen Überlegungen ist jedoch wichtig, nicht jeden, der sich viel mit dem Internet beschäftigt, als abhängig zu bezeichnen. Um diagnostisch sauber von einer Abhängigkeit sprechen zu können, gibt es im ICD-10, der Internationalen Klassifikation psychischer Störungen, diagnostische Kriterien für die beraterische Praxis im Umgang mit dem Internet-Abhängigkeitssyndrom. Man spricht dann von einem Abhängigkeitssyndrom, wenn folgende Kriterien erfüllt sind:

1. das unwiderstehliche Verlangen,

2. der Kontrollverlust,

3. Entzugserscheinungen,

4. die Entstehung von Toleranz,[26]

5. zunehmender Vernachlässigung alternativer Aktivitäten und Interessen,

6. negative Konsequenzen (gesundheitlicher und sozialer Art).[27]

Wenn drei bis vier von den aufgeführten Kriterien vorhanden sind, sprechen die Experten von Abhängigkeit, die eine Verhaltenssucht zur Folge haben kann.

Diese eindeutige Diagnose ist Grundvoraussetzung zur Durchführung des werteorientierten medienpädagogischen »Naturecode«-Angebotes für Betroffene des Internet-Abhängigkeitssyndroms. Es ist ausschließlich für Kinder und Jugendliche geeignet, die einen Kontrollverlust im Umgang mit dem Internet erlebt haben, und wird grundsätzlich von professionellen psychotherapeutischen, sozialpädagogischen und medienpädagogischen Fachkräften durchgeführt. Das Ziel dieses Angebotes besteht darin, den Betroffenen zu helfen, ihre destruktiven Verhaltensweisen zu erkennen, diese zu reflektieren und neue konstruktive Alternativhandlungen zu entwickeln. Dafür werden dreiwöchige Gruppenangebote altersgetrennt für Kinder zwischen 12 bis 16 Jahren sowie für Jugendliche zwischen 17 bis 20 Jahren und jungen Erwachsenen zwischen 21 bis 25 Jahren angeboten. Die Teilnehmerzahl ist auf 15 Personen begrenzt, mit mindestens drei und maximal vier Betreuern. Diese schwerpunktmäßig erlebnispädagogischen Therapie-/Beratungsangebote finden direkt in der Natur, weitab von der Zivilisation statt. Die Teilnehmer benutzen zu zweit ein Zelt. Die Gruppe versorgt sich zum größten Teil autonom mit Essen und Trinken durch vorhandene Lebensmittel aus der Natur, die gegebenenfalls durch Einkäufe ergänzt werden.

---

26 Unter dem Begriff Toleranz wird im diagnostischen Kontext des psychologischen Störungsbildes »Onlinesucht« die Tendenz zur Dosissteigerung verstanden.

27 Ebd.

In der ersten Woche müssen die Teilnehmer absolut abstinent von jedweder Technik leben. Dies wird bereits in der Ausschreibung klar festgelegt, mit dem Hinweis, dass Handys, iPhones bzw. Blackberrys und MP3-Player oder iPods zwar mitgebracht werden dürfen, diese jedoch bis zur zweiten Woche zentral vom Leiter aufbewahrt werden. Dafür sollen die Geräte in einen Umschlag, mit Namen versehen, verpackt sein, der vor der Abfahrt am Heimatort eingesammelt wird. Laptops, Foto- bzw. Video-Digitalkameras werden vom Veranstalter der Maßnahme mitgebracht und zu ausgewählten Anlässen zur Verfügung gestellt. Eigene Geräte müssen zu Hause bleiben. Bereits die gemeinsame Fahrt in zwei Kleinbussen wird für viele Teilnehmer ohne ihren MP3-Player die erste Herausforderung darstellen. Die Leiter sollten passend zur Altersstruktur der Teilnehmer Musik-CDs während der Fahrt einlegen und genügend Pausen einplanen, in denen Bälle zur Verfügung stehen, um die aufgestaute Energie bzw. Aggressionen loswerden zu können.

In erster Linie geht es in der ersten Woche darum, die einzelnen Teilnehmer beim Umgang mit den Entzugserscheinungen zu unterstützen sowie den individuellen Lernprozess der Überwindung therapeutisch zu begleiten. Dafür können alle oben beschriebenen präventiven »Naturecode«-Methoden angewendet werden, ohne Einsatz der technischen Mittel. Die Themen sollten allgemein gehalten werden und die Aufgabenstellung überwiegend Beobachtungscharakter haben. Durch die ungewohnte, karge Umgebung, die Ruhe und Einsamkeit, die Geräusche und Düfte der Natur, die Unkalkulierbarkeit des Wetters und das Entdecken der vielfältigen Lebewesen in der Insekten- und Tierwelt werden die Teilnehmer permanent in Grenzsituationen geführt. Das vorrangige Ziel besteht darin, die Kinder und Jugendlichen anzuleiten, mit dem für sie extrem negativen Gefühl der Unverfügbarkeit ihrer Lieblingsgeräte zurechtzukommen und am Ende der ersten Woche ihre anfänglichen Unsicherheiten im Umgang mit der Abgeschiedenheit in der Natur zu großen Teilen überwunden zu haben.

Am ersten Tag der zweiten Woche werden ergänzend zu Übungen und Angeboten in der Natur und abgestimmt auf den individuellen Lernprozess für maximal eine halbe Stunde entweder das eigene Handy oder der iPod einzelnen Teilnehmern zur Verfügung gestellt. Die Kriterien hierfür werden transparent für alle Gruppenmitglieder kommuniziert, sodass jeder selbst reflektieren kann, warum er in den Genuss dieses Privilegs kommt und der andere vielleicht noch nicht. Die Zeitspanne wird von Tag zu Tag bis auf maximal 1 ½ Stunden am Ende der zweiten Woche erhöht. Die begleitenden »Naturecode«-Angebote betreffen jetzt die persönlichen Themen der Personalisation und Sozialisation: Individualität, Persönlichkeit, Stärken, Schwächen, »Woher komme ich?«, »Wohin gehe ich?«, Schule, Beruf, Hobbys, Zukunftsperspektiven, meine Familie, Freunde, Partner oder Partnerin usw. Diese Themen werden in der Natur und unter Zuhilfenahme der darin befindlichen Mittel didaktisch aufbereitet. Auch hierfür können alle »Naturecode«-

Methoden der Präventivangebote verwendet werden. Das Ziel in dieser zweiten Woche besteht darin, die parasozialen Beziehungsformen den realsozialen Beziehungen gegenüberzustellen und kritisch zu analysieren. Durch diese Form der Selbstreflexion wird der Bedeutungszusammenhang zwischen dem Wert der eigenen Existenz im Kontext mit der Familie und den Freunden in der Realität gefördert.

In der dritten Woche werden alle eigenen technischen Geräte an die Teilnehmer ausgeteilt, mit der klaren Anweisung, ein Tagebuch über die individuelle Nutzung der Geräte, das heißt die Art und Weise und Dauer, zu führen. Diese Dokumentation wird beim gemeinsamen Treffen am Abend vorgetragen und unter der Fragestellung der persönlichen Empfindungen und Überlegungen zur eigenen Kompetenz erörtert. Darüber hinaus werden thematische Aufgabenstellungen für Gruppenarbeiten zu zweit oder zu dritt verteilt, bei denen es um wertebildende, ethische und gesellschaftskritische Themen im Zusammenhang mit der Medienbildung gehen kann, aber auch persönliche Themen möglich sind. Jede Gruppe bekommt eine Videokamera als Ausrüstung. Die Aufgabe besteht darin, als Gruppe eine Idee für den thematischen Einstieg und einen dramaturgischen Leitfaden zur Darstellung der Gesamtthematik zu entwickeln. Dabei sind der Kreativität der Produzenten keine Grenzen gesetzt. Alle Materialien in der Natur können zur Gestaltung verwendet werden, ebenso wie choreografische und szenische Darstellungen der Teilnehmer selbst. Bis zum Ende der Woche soll das gesamte filmische Material hergestellt sein. Spätestens die Heimfahrt soll dazu genutzt werden, dass sich die Kleingruppen über Spezialeffekte und Vertonung für die nachfolgende Endproduktion Gedanken machen.

Eine Woche nach der Rückkehr treffen sich alle Teilnehmer zum ersten Mal für ein gemeinsames Wochenende wieder, um in dafür geeigneten Räumlichkeiten, ausgestattet mit der notwendigen Technik, die Endproduktion ihrer Kurzfilme zu beginnen. Neben dem kreativen Prozess innerhalb der Kleingruppen soll genügend Raum für Begegnung und Austausch mit der Gesamtgruppe vorhanden sein. Es soll gemeinsam gekocht und gegessen und offen darüber gesprochen werden, wie die erste Woche zu Hause, in der gewohnten Umgebung war. Bezüglich der Nachhaltigkeit ist jeder Teilnehmer bereits bei der Rückkehr dazu angehalten worden, einen Wochenbericht über die individuelle Mediennutzung im Sinne der bekannten Tagesberichte im Rahmen der Maßnahme zu erstellen, der dann als Grundlage für den offenen Austausch dienen soll. In diesem Zusammenhang wird über persönliche Schwierigkeiten gesprochen, über Herausforderungen, die der Einzelne erfolgreich bewältigt hat. Die Erzählungen der individuellen Lösungsstrategien können den anderen Gruppenmitgliedern dabei helfen, wiederum neue Ideen zu entwickeln, um den Herausforderungen in ihrem eigenen medialen Alltag effektiv, selbstbestimmt und somit kompetent zu begegnen. Bei den Kindern und Jugendlichen, die noch zu Hause leben, sind auch Gespräche mit den Eltern geführt und Verhaltensstrategien erarbeitet worden, wie sie ihre Kinder positiv bei der Neuorientierung unterstützen können. Auf konkrete Einzelheiten kann an dieser Stelle jedoch nicht in aller Ausführlichkeit Bezug genommen werden, weil es den Gesamtrahmen dieser Ausführungen sprengen würde. Dennoch ist es wichtig, darauf hinzuweisen, dass die therapeutischen Maßnahmen bei Onlinesucht grundsätzlich systemisch sind und die Eltern sowie Partner im Prozess integriert sein müssen.

Diese Wochenenden werden in 14-tägigem Abstand so lange wiederholt, bis jede Kleingruppe ihre Filmproduktion abgeschlossen hat. Der Höhepunkt der Maßnahme besteht in der Präsentation der multimedialen Endprodukte im Rahmen eines Events, zu dem alle Freunde und die Familien eingeladen werden.

Das Ziel der gesamten »Naturecode«-Maßnahme besteht darin, das einzelne Kind bzw. den einzelnen Jugendlichen im Umgang mit den Medien in eine selbstbestimmte Kompetenz zu führen, sodass das eigene Leben nicht länger fremd bestimmt ins Internet, sondern das Internet selbstbestimmt ins eigene Leben integriert wird.

8. Abschlussgedanken zur werteorientierten Medienpädagogik unter Verwendung des »Naturecode«-Konzeptes als Prävention und Intervention

Dem aufmerksamen Leser wird nicht entgangen sein, dass das »Naturecode«-Konzept in sich eine grenzenlose Methodenvielfalt birgt. Bestimmt konnten die Beschreibungen der unterschiedlichen Experimente, Angebote und Übungen dabei helfen, darüber hinaus eigene Ideen zu entwickeln. Bei allen Projektideen soll jedoch der »Naturecode«-Grundgedanke beibehalten bleiben, nämlich, die Sprachlosigkeit der Natur in eine verständliche Botschaft zu kleiden, die Kinder und Jugendliche in ihrer Entwicklung konstruktiv unterstützt. Erst wenn Menschen sich als Teil des Gesamtkontextes Leben begreifen, können sie sich selbst als Individuum, im Sinne der menschlichen Eigenwahrnehmung, verstehen. Dann können sie ihre individuelle Position im Sinne des Menschenbildes der Menschenrechte finden sowie die damit verbundene Funktion begreifen, die sie in ihren unterschiedlichsten zwischenmenschlichen Beziehungen für die anderen einnehmen (menschliche Egalität). Durch das gewonnene Bewusstsein der individuellen Einzigartigkeit und der daraus resultierenden Chance für freundschaftliche Beziehungen und für die gesellschaftliche Allgemeinheit (untergeordnete Ebene) gewinnt die eigene Existenz an Wert. Das Dasein macht Sinn. Sobald der Mensch die Sinnhaftigkeit der eigenen Existenz nachhaltig bejahen kann, ist er fähig, die Frage nach der übergeordneten Ebene zu stellen. Erst dann gewinnt die Frage zum Beispiel nach einer übergeordneten Kraft an Relevanz für das Individuum. Mit den »Naturecode«-Methoden werden Menschen immer wieder auch mit Fragestellungen auf der übergeordneten Ebene konfrontiert.

Somit können wir beim »Naturecode«-Konzept von einem holistischen Ansatz sprechen, der die Menschen über die immanenten existenziellen Gesundheitsfragen in Bezug auf Körper und Psyche zu den übergeordneten transzendenten Fragen in Bezug auf Spiritualität führen kann und auf allen vier Ebenen kreative Methodenvielfalt zur didaktischen Umsetzung im Betreuungsalltag mit Kindern und Jugendlichen bereithält.

Literatur

Beyer, Irmtraud, Angelika Gauß, Hans-Peter Krull, Hans Jobst Redinger und Claus Reinhardt: *Natura. Biologie für Gymnasien.* Stuttgart 2005.

Dieterich, Michael, Dagmar Janssen und Reinfried Gableske (Hrsg.): *Kinder und Glaube. Christliche Erziehung und Seelsorge bei Kindern und Jugendlichen.* Hochschulschriftenreihe des Instituts für Psychologie und Seelsorge und des Instituts für Praktische Psychologie, Bd. 17. Freudenstadt 2007.

Dilling, Horst et al. (Hrsg.): *Internationale Klassifikation psychischer Störungen, ICD-10 Kapitel V (F). Diagnostische Kriterien für Forschung und Praxis,* 4. Aufl. Bern 2006.

Eichenberg, Christiane, Annegret Klemme und Tanja Theimann: »Internetsucht: ein neues Störungsbild?«. In: *Psychomed* (2003), Nr. 15.

Farke, Gabriele: *Onlinesucht. Wenn Mailen und Chatten zum Zwang werden,* 5. Aufl. Stuttgart 2007.

Fischer, Torsten, und Jens Lehmann: *Studienbuch Erlebnispädagogik: Einführung in die Theorie und Praxis der modernen Erlebnispädagogik.* Stuttgart 2009.

Hahn, André, und Matthias Jerusalem: »Reliabilität und Validität in der Online-Forschung«. In: Axel Theobald, Marcus Dreyer und Thomas Starsetzki (Hrsg.): *Handbuch zur Online-Marktforschung. Beiträge aus Wissenschaft und Praxis.* Wiesbaden 2001.

Oerter, Rolf, und Leo Montada: *Entwicklungspsychologie,* 5. Aufl. Weinheim 2002.

Ridder, Christa-Maria: »Onlinenutzung in Deutschland«. In: *Media Perspektiven* 3 (2002), S. 121–131.

Watzlawick, Paul, Janet H. Beavin und Don D. Jackson: *Menschliche Kommunikation. Formen, Störungen, Paradoxien,* 10. Aufl. Bern 2000.

Beispiel für ein Gewaltpräventionsprogramm in der Schule zur kritischen Reflexion eigenen Verhaltens

Leo Keidel

Die neue Handy-Generation hat die Mediennutzung der Jugendlichen und auch bereits der Kinder gravierend verändert. Bei der Markteinführung des Mobiltelefons stand noch die verbale Kommunikation zwischen den Gesprächspartnern im Vordergrund und für die Eltern die Erreichbarkeit in Notfällen. Es gelang aber den Herstellern und Mobilfunkbetreibern durch geschickte Marketingstrategien und technische Neuerungen, das Handy als unverzichtbares Medien-Center in der Gesellschaft zu platzieren.

Es gibt praktisch kein Handy mehr, mit dem »nur« telefoniert wird. Fotografieren, Filmen, Musik hören und Musik-Clips abspielen, Klingeltöne von den Lieblings-sendungen herunterladen, sich im Internet in Chatbörsen mit anderen austauschen, mit Computerspielen in andere Welten eintauchen, alle diese Dinge stehen nun im Fokus und bestimmen die Freizeitgestaltung.

Jede weitere technische Errungenschaft birgt aber auch Gefahren und Risiken. Eine Besonderheit stellt das »Happy-Slapping« oder die Verbreitung von Snuff-Videos dar. Durch die ausgereifte Technik und die scheinbare Anonymität ist es für einen Jugendlichen kein Problem, Gewalt verherrlichende Videos, die häufig auch selbst produziert werden, via MMS oder Bluetooth-Schnittstelle weiterzugeben, neue zu erhalten oder ins »weltweite Web« zu stellen.

Damit ergab sich ein neues Straftaten-Phänomen. Prügelszenen auf dem Pausenhof werden extra inszeniert, um ein spektakuläres Video drehen und dieses verbreiten zu können. Die bislang »üblichen« Gewalttaten und Erniedrigungen durch die Täter zusätzlich gefilmt und insbesondere in der Schule verbreitet, führen dazu, dass die Opfer in einer regelrechten Traumatisierungsschleife die Erniedrigungen ständig aufs Neue erleiden müssen.

Obwohl diese Straftaten in der Öffentlichkeit stattfinden, weisen sie ein hohes Dunkelfeld auf, weil insbesondere die Mitschüler bei diesen Taten in ihrem Werte-verständnis kein oder nur ein schwach ausgeprägtes Unrechtsbewusstsein ver-spüren. Außerdem werden diese jugendtypischen Straftaten in erster Linie gegen

Mitschüler ausgeübt, die bereits zuvor als Opfer von Späßen, Mobbing und anderen Erniedrigungen innerhalb der Schulklasse ausgesetzt waren. Personen, die wegen fehlender Zivilcourage nur zuschauten, ohne dem Opfer zu helfen, wurden bisher in der Psychologie auch als »Non helping bystander« definiert. Nun zeigt sich in solchen Fällen, dass selbst bislang als unauffällig geltende Schüler aktiv werden, allerdings völlig eigennützig, indem sie die Gelegenheit ausnutzen, mit dem eigenen Handy die Erniedrigung des Opfers zu filmen. Ich möchte hier auf eine »Un-Kultur« des Ergötzens an menschlichen Unzulänglichkeiten (zum Beispiel das Filmen von Betrunkenen, Behinderten oder Verkehrsopfern) hinweisen und bezeichne die »Täter« als »Greedily bystander«, denn sie haben ihr Handy immer griffbereit und sind gierig nach medialen Sensationen, die sie sofort unter ihrem »Nickname« relativ anonym im Internet (zum Beispiel auf der Plattform »Youtube«) wie »Jagdtrophäen« präsentieren. Dieses infolge der medialen Aufrüstung entstandene Phänomen dürfte schon jeder selbst bei einem Verkehrsunfall oder bei einem großen Unglücksfall erlebt haben.

Andere Beispiele aus der Praxis sind zwar nicht so extrem, zeigen aber anschaulich, wie sich meines Erachtens der latent fortschreitende gesellschaftliche Wertewandel bereits im Alltagsleben auswirkt:

- Schüler verabreden sich, um einen Verkäufer in einer Fast-Food-Restaurant-Kette zu ärgern, indem sie einen Cheeseburger ohne Käse verlangen und den Betrag in 1-Cent-Münzen bezahlen. Ausgedacht wurde dieser »Spaß«, um die Szene ohne Rücksicht auf die verletzten Gefühle und Rechte des Opfers heimlich per Handy mit Videofunktion zu filmen und im Internet zu veröffentlichen bzw. als Video untereinander auszutauschen.

- Schüler filmen sich mit ihren Handys beim mutwilligen Zertrümmern einer Parkbank in der Öffentlichkeit und feuern sich dabei gegenseitig an. Auch dieser »Spaß« landet selbstverständlich im Internet.

- Schüler verprügeln einen Mitschüler in der großen Pause und filmen dies. Obwohl viele andere Mitschüler sehen, was passiert, schreitet keiner ein (Zitat von Schülern: »Endlich mal was los!«).

- Jugendliche setzen sich mit dem schrecklichen »Amoklauf« von Winnenden bzw. Wendlingen am 11. März 2009 durch das Produzieren eigener Videofilme, die sie ins Internet einstellen, auseinander. Leider gibt es neben der Vielzahl von Beileidsbekundungen auch eine erschreckend hohe Zahl von gewaltverherrlichenden Videos, die zum Beispiel als Zeichentrickfilm die Tötung anderer mit Schwert und Schusswaffe zeigen. Auf die Kritik entgegnet einer der Jugendlichen im Internet: »OK, Gewalt ist mit dabei und etwas Schmerz obendrauf. Doch immerhin … ist es mein bestes Video. Es hat die meisten Klicks und Kommentare und eine Superbewertung!«

Abb. 1. Handys gehören in den Schulhöfen zum Alltagsbild (Quelle: Leo Keidel)

In der polizeilichen Kriminalstatistik erscheinen solche Fälle so gut wie nicht, weil weder den Schülern noch Pädagogen, Eltern oder anderen Erwachsenen die (rechtliche) Tragweite bewusst wird oder/und die Situation als alltäglich eingestuft wird.

Das Gewaltpräventionsprojekt »Gewalt ist keine Lösung« entstand als Reaktion auf diese besorgniserregende Entwicklung. Es ist ein Gemeinschaftsprojekt von Jugendfeuerwehr Rems-Murr und der Polizeidirektion Waiblingen. Im Rems-Murr-Kreis musste die Polizei mehrmals gegen Schüler ermitteln, die Mitschüler verprügelten und diese Gewalttaten mit dem Handy aufnahmen. Umfragen unter den Schülern bestätigten, dass Gewaltvideos sehr weit verbreitet sind. Im Rahmen einer Projektarbeit in der Ausbildung von Jugendleitern der Jugendfeuerwehr reifte die Idee, gegen Gewaltvideos auf Handy und deren Verbreitung vorzugehen.

Gemeinsam mit der Polizeidirektion Waiblingen wurde ein Medienpaket geschnürt, das im Schulunterricht zur Gewaltprävention als Anschauungsmaterial dienen soll. Und was ist anschaulicher als ein Film als Medium zur Vermittlung der medialen Probleme?

Zum Inhalt des Films: Hauptdarsteller des Films ist der Schüler Hannes. Er wird von den Mitschülern als »Streber« verschrien und gehänselt. Mitschüler filmen das mit ihren Handys. Der »Spaß« spitzt sich im Verlauf des Films zu. Hannes wird mehrfach das Taschengeld abgezockt. Alle Erniedrigungen werden mit dem Handy auf Video festgehalten, auf dem Pausenhof allen anderen gezeigt und natürlich an alle Mitschüler, die es interessiert, verschickt. Hannes ist verzweifelt.

Der Film zeigt neben der Opferperspektive auch die gewünschten Reaktionen wie Hilfe von anderen und mögliche Folgen (Strafanzeige, Gerichtsverfahren). Es wird bewusst sehr deutlich dargestellt, welche Konsequenzen eintreten und die Neuen Medien nicht nur Spaß und Unterhaltung bieten.

Die inhaltliche Gestaltung des Films ermöglicht, dass er im Unterricht nach jeder der sechs Szenen angehalten werden kann, um mit den Schülern darüber diskutieren zu können, was in der jeweiligen Situation richtig oder falsch ist, was noch harmlos ist und was nicht mehr. Alle Beteiligten werden angesprochen, insbesondere auch jene Schüler, die mitbekommen, was da geschieht, unabhängig davon, ob sie entweder einfach wegschauen oder die Zivilcourage aufbringen, sich einzumischen. In der dritten Auflage wurden zu jeder Szene jeweils ergänzende Aussagen der Beteiligten sowie Untertitel in deutscher und englischer Sprache eingefügt.

Abgerundet wird der Film durch das Begleitheft der Polizeidirektion zu den rechtlichen Aspekten, die sogenannte Normverdeutlichung, und durch das Aufzeigen der Konsequenzen bei einem erkannten Rechtsverstoß.

Seit Februar 2009 sind alle Schulen des Rems-Murr-Kreises sowie sämtliche Jugendfeuerwehren und die Polizeidirektionen des Landes im Besitz eines kostenlosen Exemplars. Mit der Prämierung durch das Bündnis für Demokratie und Toleranz 2008 und der Vorstellung auf dem Deutschen Präventionstag in Hannover 2009 gelang es, auch über die Landesgrenzen und bis ins benachbarte Ausland hinaus, das Projekt bekannt zu machen. Höhepunkt war bisher die Präsentation des Projekts im Rahmen der Best Practice Conference 2009 in Stockholm. Den Teilnehmern aus 25 europäischen Ländern wurden insgesamt 34 Projekte vorgestellt, die sich als wirkungsvoll und nachahmenswert erwiesen hatten. Die Auswahl erfolgte national durch das Bundesministerium für Justiz bzw. des Inneren in einer strengen Qualitätsauslese im Hinblick auf die Effektivität der eingereichten Projekte. Deshalb war die Einladung zum jährlichen Weltkongress der Kriminologen »Stockholm Criminology Symposium« im Jahr 2010 mit über 600 Teilnehmern aus 30 Ländern nur eine logische Konsequenz.

Es ist schwierig, die Wirksamkeit eines Präventionsprojekts zu messen, das auf eine Veränderung des eigenen Verhaltens zielt, weil zum Beispiel nicht in Form eines wissenschaftlichen Experiments mit den Probanden (hier: alle Schüler) unter realen Bedingungen überprüft werden kann, ob die Schüler tatsächlich im konkreten Fall die gewünschte Reaktion zeigen. Deshalb erfolgt die wissenschaftliche Überprüfung anhand des in solchen Fällen üblichen Messinstruments in Form eines Fragebogens, der die möglichen (Verhaltens-)Veränderungen durch die persönliche (subjektive) Einschätzung des Einzelnen darstellen soll. Dies geschieht per Abfrage 1. vor Beginn des Programms zur Ausgangssituation (Prä-Befragung T0), 2. unmittelbar nach Durchführung der Maßnahmen (Post-Befragung T1) und 3. ca. ein halbes Jahr nach der Durchführung des Programms an der Schule hinsichtlich der Langzeit-wirkung (T2). Der Fragenkatalog orientiert sich am wissenschaftlichen Erhebungs-bogen der Ruhruniversität Bochum, mit dem Frau Dr. Brigitta Goldberg das eintägige polizeiliche Gewaltpräventionsprogramm »Ohne Gewalt stark« für Bochumer Schulen erfolgreich auf dessen Wirksamkeit überprüft hatte und von ihr freundlicherweise für das hiesige Projekt zur Verfügung gestellt wurde. Weil das dortige Projekt einen tiefer gehenden und umfassenderen Untersuchungs-auftrag beinhaltete (Viktimisierung, Orte der Kriminalität etc.), wurde der Frage-bogen auf die Kernaussage einer möglichen Verhaltensänderung in bestimmten Situationen reduziert. Ein Beispiel aus dem vierseitigen Fragenkatalog, wobei Wert-vorstellungen bzw. religiöse Zugehörigkeit nicht Gegenstand der Befragung waren:

Du bekommst auf dem Schulhof mit, dass andere Jugendliche Gewaltvideos per Handy verschicken.

	Ja	Nein
Das ist mir selbst schon passiert.		
Das habe ich schon beobachtet.		

Wie verhältst du dich?	be-stimmt	viel-leicht	eher nicht	keines-falls
Es ist mir egal.	❐	❐	❐	❐
Ich lasse mir das Video zuschicken, um es anzuschauen.	❐	❐	❐	❐
Ich lasse mir das Video zuschicken, um es weiterzuverbreiten.	❐	❐	❐	❐
Ich bitte die Jugendlichen, das Weiterverbreiten zu unterlassen.	❐	❐	❐	❐
Ich melde es der Pausenaufsicht.	❐	❐	❐	❐
Ich melde es dem (Beratungs-/Vertrauens-)Lehrer.	❐	❐	❐	❐
Ich wende mich an die Polizei.	❐	❐	❐	❐
Ich informiere den Streitschlichter.	❐	❐	❐	❐
Ich erzähle meinen Eltern davon.	❐	❐	❐	❐

In der Pilotphase waren aus finanziellen Gründen die professionelle wissenschaftliche Begleitung und eine flächendeckende Datenerhebung nicht möglich. Bislang gab es nur stichprobenartige Auswertungen ausgewählter Schulklassen. Die Ergebnisse von 10 Schulen sind aber meines Erachtens trotzdem als repräsentativ zu bezeichnen, da sie in unterschiedlichen Schulen in mehreren Bundesländern erhoben wurden.

Ein wichtiger Erfolgsfaktor für das Projekt stellt der bereits in vielen Präventionsprogrammen nachgewiesene Peergroup-Ansatz dar. Hier in diesem Fall waren es 25 Mitglieder aus 5 Jugendfeuerwehren, die noch zur Schule gingen und somit von der Zielgruppe des Programms »Schulklassen« als Schüler akzeptiert wurden.

Interessant sind die Reaktionen der Schüler beim Vorführen des Films: zuerst viel Gelächter, weil sie oft Parallelen zu eigenen Erfahrungen erkennen, dann aber im Verlaufe der Geschichte doch Nachdenklichkeit und zum Schluss deutliche Betroffenheit, insbesondere über die in der Gerichtsverhandlung ausgesprochenen Strafen bzw. Konsequenzen.

Um die durch die Referenten festgestellte selbstkritische Reflexion der Schüler auch wissenschaftlich fundiert nachweisbar zu machen, wurde der bereits erwähnte Fragebogen eingesetzt, den die Schüler vor und nach der Programmteilnahme ausfüllen sollten. Es zeigte sich tatsächlich eine positive Verhaltensänderung in Bezug auf die Hilfsbereitschaft/Zivilcourage, zur Unterstützung des Opfers einzuschreiten.

Die damit verbundenen Wertvorstellungen, wie »Menschenwürde oder Recht auf körperliche Unversehrtheit«, sind ein Motiv für die Schüler, ihr Verhalten zu ändern, obwohl sie es vielleicht nicht exakt so definieren. Aber die Schüler erkennen den Unterschied, ob etwas »nur verboten ist« (was insbesondere im Kindesalter und als Jugendlicher den Reiz darstellt, es trotzdem zu tun, was in der Wissenschaft, Erziehung und Jugendarbeit als jugendtypisches Austesten der Grenzen bezeichnet wird). Ob sie unabhängig davon das »Gefühl haben«, es wäre nicht richtig oder das eigene Handeln zwar keine Straftat oder eine Ordnungswidrigkeit darstellt, aber trotzdem eine »innere Stimme« ihnen sagt: »Das tut man nicht.«

Im Umgang mit den Jugendlichen wird klar, dass sie sehr wohl gewisse Wertvorstellungen haben, die sich im Wesentlichen mit denen unserer Gesellschaftsordnung decken. Jedoch hat es den Anschein, dass sie bei der Erziehung nicht mehr den Stellenwert genießen, wie noch in den früheren Generationen.

Die modernen Eltern gehören bereits zur Fernsehgeneration. Sie haben große Teile ihrer Kindheit mit Fernsehbildern und Chips verbracht, sind also in eine sehr narzisstische Konsumkultur hineingewachsen und wurden selbst schon verwöhnt.[1] Medienkonsum ist in den Familien bereits Alltag und nichts Besonderes mehr, wie noch bei den Großeltern in der Zeit des Wirtschaftswunders.

---

1   So Kindertherapeut Wolfgang Bergmann (2008, S. 56).

Die »Mediatisierung der Erfahrung« sieht Neil Postman durch den Einfluss des Fernsehens auf die Kinder bestätigt, es führt zu einer starken Veränderung der Kindheit. Die Schriftkultur, fast ausschließlich zugänglich für Erwachsene, wird durch die elektronischen Medien zur Bilderkultur. Er bedauert, dass heute damit auch Kinder im Prinzip den gleichen (ungefilterten) Zugriff auf Bilder und damit auf Nachrichten haben wie Erwachsene, ohne dass sie reif genug dafür wären. Der Wissensvorsprung der Erwachsenen als entscheidender Unterschied zum Kind geht verloren. Kindheit als klar definierter Alterszeitraum wurde seiner Meinung nach durch die Schriftkultur und das damit verbundene Wissens- und Autoritätsgefälle geprägt.

Kinder und Erwachsene schauen die gleichen Sendungen, teilweise sogar zu den gleichen (späten) Uhrzeiten und lösen dabei die bisher vorhandenen Trennungslinien auf, weil es keine Unterweisung, keine komplexen Anforderungen sowie keine wirkliche Gliederung des Zuschauers benötigt und eine Bewahrung von (sprachlichen) Geheimnissen unmöglich macht. »Ohne Geheimnisse aber kann es keine Kindheit geben.«[2] Wurden Erfahrungen bisher durch die Erwachsenen überliefert, bietet nun das Fernsehen als neues, einseitiges Kommunikationsmedium die Vermittlung von Erfahrungen, wenn auch als Wirklichkeit aus zweiter Hand (Mediatisierung der Erfahrung). Damit kann sich laut Neil Postman auch nicht die Idee der Scham beim Kind entwickeln und »ohne Schamgefühl kann es Kindheit nicht geben«.[3]

Postman stellt klar, dass diese Medien ein Erleben des Hier und Jetzt suggerieren und für Kinder ein Anspruchsverhalten fördern auf komplette und sofortige Bedürfnisbefriedigung, ohne eine schrittweise, kindgerechte Hinführung und Einweisung in bislang noch nicht bekannte Lebensbereiche.

Die neuesten technischen Errungenschaften wie Internet-Handy oder iPod lösen bei den Kindern reflexartig Fragen nach den vorhandenen Klingeltönen, Spielen oder Musikvideos aus. Alle sind »kinderleicht« zu bedienen und sorgen eher dafür, dass den Erwachsenen die Geheimnisse der Neuen Medien verschlossen bleiben! Diese Feststellung unterstreichen die Gespräche mit Eltern und Pädagogen, die oft Schwierigkeiten haben, mit dem technischen Wissenstand der Kinder mitzuhalten.

Wie viele andere Wissenschaftler und Pädagogen, und eben auch Postman, sehen die Lösung des Problems in der Begrenzung des Medienkonsums bzw. in einer kontrollierten Nutzung.[4] Ein Ziel des Programms »Gewalt ist keine Lösung« ist deshalb auch nicht das Handy zu verbieten oder generell zu kritisieren, sondern die Schüler dahin gehend zu sensibilisieren, welche Möglichkeiten die Neuen Medien

---

2 Postman 1983, S. 95.
3 Postman 1983, S. 19.
4 Keidel 2008, S. 16.

bieten und zu hinterfragen, wie das Nutzungsverhalten aussieht. Dazu das Beispiel: Vier Mädchen sitzen in einem Café an einem Tisch und alle schreiben SMS.

Die Jugendfeuerwehr als Kooperationspartner zu diesem Schulprojekt ist in diesem Fall hervorragend geeignet, um einen atypischen, aber altersgerechten Zugang (Peergroup) zu den Schülern und den Projektinhalten (Handynutzung, Verbreitung von Gewaltvideos und Zivilcourage) zu erlangen. Außerdem ist die Feuerwehr ein ideales Beispiel zur Vermittlung von Werten, die in einer Gesellschaft wichtig sind: soziale Verantwortung und Ehrenamt.

Die freiwillige Feuerwehr in der Region Stuttgart weist nur wenige »Migranten« als Mitglieder aus. Ein Grund könnte die Unkenntnis über die hiesigen Strukturen zur Berufsfeuerwehr und der freiwilligen Feuerwehr sein. In der Türkei gibt es zum Beispiel wie in vielen anderen Ländern nur eine Berufsfeuerwehr. Gerade in einer »multikulturellen« Gesellschaft ist es wichtig, Kindern mit Migrationshintergrund zu vermitteln, dass sich hier Ehrenamtliche in ihrer Freizeit betätigen und die Feuerwehr für Hilfe und Rettung in der gesamtgesellschaftlichen Verantwortung steht. Ein weiterer wichtiger Aspekt ist die Kameradschaft und Teamarbeit innerhalb der Feuerwehr und die Gewissheit, sich auf den anderen verlassen können. Diese Bereiche werden gerade in der heutigen Zeit des Individualismus besonders wichtig ist und fehlen oft in der Erziehung.

Deshalb steht der zweite Baustein des Präventionsprogramms unter dem Motto »Helfen macht Spaß« und besteht aus einem erlebnispädagogischen Projekttag für die Schulklasse bei der örtlichen Jugendfeuerwehr. Die ganze Schulklasse wird in einem praktischen Übungstag eingebunden und kann so im Vorübergehen *en passant* positive Erfahrungen in der Gruppenarbeit sammeln. Dies fördert einen besseren Zusammenhalt in der Schulklasse und Veränderungen in der Cliquenbildung. Es ermöglicht die Integration von Außenseitern und potenziellen Opfern. Daneben werden anhand der Einsatzbeispiele der Feuerwehr auch die Wertvorstellungen und Auswirkungen des Werteverfalls (Stichwort: mutwilliger Fehlalarm, Sachbeschädigung, Feuerwerkskörper in einer Menschengruppe zünden, das Leersprühen von Feuerlöschern in Fluren etc.) verdeutlicht.

Im Idealfall wird durch dieses Projekt das Interesse an der Tätigkeit in der Jugendfeuerwehr geweckt. Nicht nur Prof. Christian Pfeiffer[5] ist der Auffassung, dass unter den Jugendlichen im Süden der Republik unter anderem deshalb eine geringere Kriminalitätsrate besteht, weil sie statistisch gesehen häufiger zu Vereinen gehören und damit eine stärkere Einbindung in die Gesellschaft stattfindet. Informelle Kontrolle durch die Gruppe ist hier ein wichtiger Faktor. Umgekehrt wissen wir, dass Gruppenzwang Jugendliche auch negativ beeinflussen kann, aller-

---

5   Prof. Dr. Christian Pfeiffer ist Direktor des Kriminologischen Forschungsinstituts Niedersachsen e. V. und früherer Justizminister in Niedersachsen.

dings außerhalb der klassischen Vereinsbindungen wie den Sport-, Musikvereinen oder eben der Jugendfeuerwehr.
Die Zugehörigkeit zu einem Verein und die damit verbundene regelmäßige und pünktliche Teilnahme an Übungen, Fortbildungen etc. ermöglicht unterschwellig ebenfalls die Vermittlung von Werten wie Leistungswille, Verantwortung für die Gemeinschaft und fremdes Eigentum sowie Anerkennung.
Letztlich geht es darum, Werte und positives Verhalten nicht mit Methoden von vor 20 Jahren einzufordern. Die Definition von Autorität ist heute eine andere. Wir können die Zeit nicht zurückdrehen. Heute ist es zwingender denn je notwendig, die Verhaltensweisen, die wir einfordern, auch vorzuleben.[6]
Wird das Präventionsprogramm entsprechend dieser theoretischen Vorstellungen angewandt, ist es weit mehr als nur ein Hinweis auf Gesetze oder ein erhobener Zeigefinger zum sinnvollen Umgang mit dem Handy, sondern ein kleiner Schritt zur pädagogischen Aufbereitung von teilweise bereits verschwundenen Werten.
Und die Kinder von heute sind die Eltern von morgen. Sie werden die Gesellschaft in der Zukunft entscheidend prägen.

Literatur

Bergmann, Wolfgang: »Eine teuflische Mischung«. Interview im Magazin *Stern*, Ausgabe 22 vom 21. 5. 2008, Hamburg, S. 56.

Frank, Uwe: »Kinder und Jugendliche fordern zu Recht mehr Respekt«. Kommentar in der *Waiblinger Kreiszeitung* vom 28. 12. 2009, S. C3, Waiblingen 2009.

Keidel, Leo: *Gewalt ist keine Lösung.* Begleitheft zum Medienpaket. Waiblingen 2009.

Keidel, Leo: »Ist die Kindheit noch zu retten oder hat Neil Postman recht?«. Unveröffentlichte Hausarbeit im Fach Soziologie, Fernuniversität Hagen 2008.

Postman, Neil: *Das Verschwinden der Kindheit.* Frankfurt am Main 1983.

---

6   Vgl. Frank 2009.

»Moviecode« – ein Beitrag zur Medienanalyse

Lorethy Starck

Freiheit bedeutet Verantwortlichkeit; das ist der Grund, weshalb die meisten Menschen
sich vor ihr fürchten. George Bernard Shaw

1. Einleitung und Ziel

Angesichts der mit nieder- und unterschwelligen Informationen überfrachteten
Medienlandschaft ist ein aufgeklärter Umgang mit ihr nicht nur ratsam, sondern
bezogen auf die eigene Psychohygiene unabdingbar. Vor allem Kinder und
Jugendliche sind völlig überfordert und werden ohne Beistand selten zu einer
reflektierten Haltung gelangen. Daher ist eine angemessene Rezeption aller Medienformate aus vielen Gesichtspunkten ein anzustrebendes Ziel. Sowohl Eltern wie
auch pädagogisch Wirkende stehen hier in einer besonderen Verantwortung, die
sich nicht nur in der Auswahl der »richtigen« Medien und der zeitlichen Begrenzung
des Konsums erschöpfen kann. Vielmehr gilt es, Kinder und Jugendliche gemäß
ihrer emotionalen, kognitiven, sozialen und spirituellen Entwicklung in ihrem Umgang mit Medien auch so zu begleiten,[1] dass sie selbstständig die ihnen vermittelte
Information verarbeiten, einordnen oder gar deren Konsum verantwortlich einstellen können.

---

1   Begleitung ist immer ein ganzheitlicher Prozess. Ein punktueller theoretischer Input bleibt ein
    solcher, wenn er nicht von einem sozialen Gefüge unterstützt wird, wenn nicht Vorbilder dieses
    Wissen lebensnah verdeutlichen und wenn nicht der Jugendliche selbst sich mit Aufgaben, die er
    bewältigen kann, herausgefordert weiß.

2. Historie

Diesem Ziel sind wir [2] Anfang des Jahres 2000 einen wesentlichen Schritt näher gekommen. Im Rahmen einer Freizeitmaßnahme für Jugendliche hatten Bojan Godina und ich ein Projekt für eine Medien begleitende Wertediskussion gestartet. Dabei setzten wir metaphorisch Filmausschnitte ein und besprachen sie aus der Perspektive einer christlich-abendländischen Ethik. Aus diesem ursprünglich einmalig geplanten Ereignis entwickelte sich bald aufgrund des hohen Interesses ein umfassendes Ausbildungskonzept für Jugendliche. Religiöse und philosophische Aspekte fügten sich genauso organisch ein wie Ästhetik, Darstellungstechnik und Bildrhetorik. Erkenntnisse der Kunsttheorie und qualitative Umfragen flossen genauso ein wie neue Forschungsergebnisse aus der Neurologie und der Psychologie. Am Ende stand ein kompakter Workshop mit verschiedenen Modulen, die je nach Zuhörerschaft unterschiedlich gewichtet und eingesetzt werden können.

3. Methode

Am besten lässt sich diese »Medienkompetenzvermittlung« im Rahmen des Unterrichts oder einer anderen Bildungsmaßnahme durchführen. Vor allem im religionspädagogischen Kontext des schulischen Religionsunterrichts wurde dieses Projekt am häufigsten angewandt. Nach mehreren Feldversuchen hat sich gezeigt, dass ein Projekttag oder sogar ein mehrtägiges Event am effizientesten sind. Die Komplexität unserer Medien und der nötige interdisziplinäre Zugang erfordern mehrere Einheiten. Verglichen mit dem Volumen des heute üblichen Fernseh-, Comic-, PC-Spiele-, Kino-, Musik- und Internetkonsums eines Jugendlichen steht ein solcher Bildungskurs dazu allerdings zeitlich in keinem ausgewogenen Verhältnis.
Unter dem Generaltitel »Moviecode« haben wir seit dem Jahr 2000 viele solcher Projekttage und Wochenenden mit Jugendlichen und auch Multiplikatoren durchgeführt. Bei »Moviecode« lag der Schwerpunkt auf der Filmwelt. Endlich war es technisch leistbar geworden, in wenigen Schritten Filme zu sequenzieren, einzelne kurze Szenen ohne großen Aufwand bildgenau zu schneiden und sie mittels Projektoren, Notebooks und Präsentationsprogrammen für ein größeres Publikum aufzubereiten und als Bildzitate zu zeigen. Neben dem technischen Know-how

---

2   »Wir«, damit ist ein interdisziplinäres deutschsprachiges Netzwerk gemeint, das sich ab dem Jahr 2000 in regelmäßigen Abständen unter der Leitung von Dr. Bojan Godina in Darmstadt zwecks eines regen Gedankenaustausches, der Planung und Schulung einfindet. Die ca. 15 Personen dieses Thinktanks vertreten die unterschiedlichsten Disziplinen wie Theologie, Psychologie, Pädagogik, Kunst, Mediengestaltung, Jura, Informatik, Wirtschaft, Handwerk etc. Manche der Mitarbeiter, vor allem jüngere, geben im Sinne der »Peer-to-Peer-Education« im schulischen Kontext, zum Beispiel im Religionsunterricht, ihr Wissen und ihre Erfahrung weiter.

gelang es uns mithilfe unseres Mitarbeiternetzwerks, vor allem unsere Filmlandschaft interdisziplinär aufzuarbeiten. Aufschlussreich war die Reaktion der Jugendlichen. Da wir ihre aktuelle Alltagskultur aufgriffen und aufarbeiteten, fühlten sie sich zutiefst angesprochen und um ein Vielfaches motivierter, den Stoff aufzunehmen. Sie wussten sich nicht nur abgeholt, sondern lernten sich selbst umfassender in ihrer Bedürfnisstruktur verstehen. Vor allem partizipierten unsere Zuhörer in viel größerem Umfang als in einer üblichen Unterrichtssituation. Sie wurden nicht durch »träges Wissen« gesättigt, sondern alltagsrelevant und emotional angesprochen.[3] Viele der Teilnehmer internalisierten den Kurs so selbstverständlich, dass sich zur Aufarbeitung der durchaus berechtigten Kritik etliche an der Verbesserung des Curriculums in Vorbereitung der folgenden Veranstaltung beteiligten. Sie schlugen nicht nur relevante Themen vor, sondern boten sich sogar an, selbst einige Aspekte durch ein Referat oder durch Präsentationen mit zu erarbeiten. Uns begeisterte wiederum ihre intrinsische Motivation, was wiederum unsere Hingabe maßgeblich beeinflusste.

4. Leitgedanken

Unsere Forschung und Resultate bestätigten immer wieder unsere Leitgedanken, die darin bestehen:

1. Erfolgreiche Medien (Schwerpunkt Filme) sind dann wirksam, wenn sie auf tiefe menschliche Bedürfnisse eingehen, die da wären:

- Sie beschäftigen sich mit der Frage der Identität und beantworten Fragen bzw. bieten dem Zuschauer eine Identitätsalternative an. Dies geschieht durch viele unterschiedliche Mittel. Sei es auf der individuellen Ebene durch die Protagonisten, die eine Identifizierungsebene anbieten, sei es durch das Milieu oder eine Peergroup, die in dem Film dargestellt wird und so eine soziale Identität anbietet, sei es durch eine bestimmte Weltanschauung, die überhaupt die Merkmale menschlichen Seins skizziert.

- Sie verarbeiten die Angst menschlicher Begrenztheit und Vergänglichkeit und bieten Lösungsansätze zur Überwindung. Unvollkommenheit und Perfektion stehen sich oft gegenüber. Oft wird dies durch eine fiktive und utopische Perspektive aufgelöst, die zumindest für die durchschnittlichen 100 Minuten eines Filmes zu einem Eskapismus verleitet.

---

3 Erleichternd war die Vortragsform, die viele visuelle und auditive Elemente einschloss. Die vertraute Alltagskultur verlieh den Jugendlichen zusätzlich eine Mitsprachekompetenz, obwohl das nur ein Ausgangsort war, damit sie weiterführende und noch tiefere Konzepte erfassen konnten.

- Sie skizzieren und definieren hohe Ideale und Werte, die im Alltag selten zu erreichen sind. Diese sind oft nicht an den aktuellen Zeitgeist gebunden, sondern archetypischer Natur. Meistens werden sie durch einen Protagonisten repräsentiert, der zugleich auch eine Retterfigur [4] darstellt. Er ist es schließlich, der den ernüchternden menschlichen Alltag mit all seinen trüben Aspekten erleuchtet, die Gefahren und Grenzen überwindet und Befreiung meist unter Gefährdung des eigenen Lebens heldenhaft erwirkt.

2. Medien transzendieren. Ein beträchtlicher Anteil der aktuellen Filme entzieht sich inhaltlich, aber auch *per se* als fiktives Produkt unserer immanenten Welt. Nach Norbert Bolz ist sogar das Phänomen Medien als Kommunikationssphäre in Gänze ein Substitut für Religion.[5] Aber auch das einzelne Werk verlangt – nach dem berühmten Diktum von Samuel T. Coleridge der willentlichen Aussetzung der Ungläubigkeit – dem Betrachter ab, die Vorgaben des Werkes vorübergehend zu akzeptieren; selbst dann, wenn diese utopisch, fantastisch, fiktiv und fernab jeglicher Realität oder sogar unmöglich sind. Der Leser, Zuschauer oder Hörer lässt sich momenthaft willig auf eine Illusion ein, weil er im Gegenzug unterhalten werden möchte.

3. Medien sind bei aller Offensichtlichkeit sehr subtil und in ihrem Vorgehen manipulierend. Gerade unter dem Diktat wirtschaftlicher Interessen ist ethisches, verantwortliches Handeln leider oft zweitrangig. Die subtilen Mechanismen der Manipulation und der belastenden Wertschöpfung sowie der tiefe und unbemerkte Effekt auf die Gesellschaft werden aufgrund ihrer Komplexität und mangels des nötigen Ansatzes ausgeklammert. Es ist auch nicht verwunderlich angesichts der kurzsichtigen Tagespolitiker, die sich eher um die eigenen Pfründe kümmern als um eine werteorientierte und nachhaltige Leitung.

4. Medien können ein hohes Suchtpotenzial hervorrufen. Auch wenn »Internetsucht« oder »Computersucht« in der einschlägigen Literatur nicht einheitlich wissenschaftlichen Kriterien genügend als Sucht eingestuft werden können, so

---

4   Bei aller Überzeichnung seines Buches beschreibt Joachim Hammann (2007) geglückt und weitestgehend stimmig die Relevanz eines Helden (Retter) und seine Reise als semantische Struktur eines Filmes. Einen ähnlichen, aber gelungeneren Ansatz vertritt Christopher Vogler. In seinem Buch *Die Odyssee des Drehbuchschreibens* skizziert er die mythologischen Grundmuster eines erfolgreichen Filmes. Er weist nach, dass fast allen Publikumserfolgen eine archetypische Struktur zugrunde liegt, nämlich die Heldenreise.

5   »Medien bieten Ersatzformen von Allwissenheit und Allgegenwärtigkeit an. An die Stelle religiöser Kommunikation tritt heute Kommunikation als Religion. Totale Verkabelung, die Verstrickung im elektronischen Netz, wird der unbefangene Blick aber als profane Variante der religio – und das heißt ja eben: Rückbindung erkennen. In der Vernetzung zum integralen Medienverbund ist uns eine stabile Umbesetzung der Transzendenz gelungen. Das Göttliche ist heute das Netzwerk. Und Religion funktioniert als Endlosschleife« (Bolz 1996, S. 143–150).

sind sie jedoch »als ein Verhaltenssyndrom exzessiver Nutzung«[6] definiert, auf die einzelne Kriterien psychischer Störung zutreffen. Aufzuführen wären insbesondere »Kontrollverlust«, »Toleranzentwicklung« und psychische Entzugserscheinungen sowie negative Folgen für die Nutzer, vor allem in Leistungsbereichen und sozialen Beziehungen.[7]

Ausgehend von diesen Leitgedanken haben wir in all unseren Kursen darauf geachtet, dass die Teilnehmer sich mit ihrer Lebenswelt einbringen können. Im schulischen Kontext des Religionsunterrichts hatte der Einsatz von »Moviecode« mehr als nur eine belebende Wirkung. Dabei war es uns immer wieder wichtig, miteinander die eigentlichen existenziellen Bedürfnisse der Jugendlichen herauszuarbeiten und zugleich das Surrogat[8] in der Medienwelt ausfindig zu machen und die Werbe- und Filmindustrie in ihrer Absicht zu durchleuchten. Maßstab unserer Reflexion waren die Werte unserer christlich-abendländischen Tradition und die der Menschenrechte. Neben vielen vordergründigen Aha-Erlebnissen war ein Ergebnis immer wieder zu erkennen: Die ursprüngliche »Naivität« der Teilnehmer war teilweise abgebaut worden. Die Jugendlichen waren sich ihrer persönlichen Bedürfnisstruktur stärker oder überhaupt erst bewusst geworden. Ihr Konsumverhalten veränderte sich am nachhaltigsten dann, wenn sie zu Hause ein stabilisierendes Umfeld oder erneute Kontakte zu »Moviecode« hatten. Diese systemische Perspektive bot schließlich auch Anlass dafür, dass wir in Folge die Eltern oder andere Erziehungsautoritäten bewusst zu unseren Schulungen einladen konnten. Gerade diese Generation hat im Zuge der rasanten medialen Entwicklung einen hohen Nachholbedarf. Oftmals sind Eltern und Pädagogen kaum informiert, wie einfach Formate, die nur

---

6 Renner, Schütz und Machilek 2005, S. 223.

7 Ebd.

8 Medien sind kein Ersatz für ein ganzheitliches sinnliches Leben. Gerald Hüther ist nur einer unter vielen, der kategorisch über die Nachhaltigkeit von Fernsehen und PC-Konsum auf das neuronale Netz unseres Gehirnes spricht. Viele digitale Medienangebote sind nicht nur nicht verstehbar, sie sind auch nur eingeschränkt gestaltbar. In seinem Interview auf www.medienbewusst.de zeigt schon sein einfaches Beispiel, wie die soziale Kompetenz verkümmert. Auf die Frage »Wie wirkt sich dann TV-Konsum auf das kindliche Gehirn aus?«, antwortete er: »Sie können beim TV-Gerät nichts weiter verändern als die Programmwahl. Wenn man kleine Kinder das erste Mal vor den Bildschirm setzt, unterhalten sie sich noch mit dem Apparat. Sie sagen dem Hasen, wo der Fuchs lauert. Sie versuchen also, etwas zu gestalten. Das hat sie ihre bisherige Erfahrung – ohne virtuelle Medien – gelehrt. Nach wenigen Wochen Fernsehkonsum resignieren die meisten, ihr Gestaltungswille versiegt. Sie stellen also einen Teil ihrer Selbstwirksamkeit in Frage.« Bei übermäßigem Computerkonsum verändert das nicht ihre Wahrnehmung, ihr Raum- und Zeitempfinden und ihre Gefühlswelt. Alles, was sie in den Computerspielen erleben, verändert auch ihr Gehirn. ... Die Art und Weise, wie ein Kind sein Gehirn benutzt, ist entscheidend dafür, wie die Nervenzellen im Gehirn miteinander verknüpft werden. Wer sehr viel Zeit in virtuellen Welten oder im Internet verbringt, dessen Gehirn passt sich immer besser an das an, was dort geschieht und was vom Nutzer gefordert wird.«

für Erwachsene produziert wurden, von Kindern und Jugendlichen via Internet oder privat im Freundeskreis zu beschaffen sind. Genauso wenig war bekannt, welchen ausgeklügelten Werbestrategien Kinder und Jugendliche ausgesetzt werden, und darüber hinaus, welche mittelfristigen bis langfristigen Folgen ein regelmäßiger Medienkonsum hat.

Letzten Endes ist »Moviecode« eine differenzierte »mediale Metadiskussion«, die dem Konsumenten zu einer höheren Kompetenz im Umgang mit Filmen und anderen Formaten verhilft. Solange in unserer Medienkultur massive und zugleich subtil eingesetzte wirtschaftliche und ideologische Interessen bestehen, die offensichtliche, aber häufig unverstandene Nebenwirkungen hervorrufen, ist ein solches Projekt, unter welchem Namen es auch immer durchgeführt wird, ein unabdingbarer Garant für eine freiheitliche Gesellschaft; vor allem, wenn es um das Wohl und die ganzheitliche Entwicklung von Kindern und Jugendlichen geht.

Literatur

Bolz, Norbert: »Tele! Polis!«. In: Stefan Iglhaut, Armin Medosch und Florian Rötzer (Hrsg.): *Stadt am Netz. Ansichten von Telepolis*. Mannheim 1996, S. 143–150.

Campbell, Joseph: *Der Heros in tausend Gestalten,* 5. Aufl. Frankfurt am Main 1999.

Godina, Bojan: *Unsichtbare Religion des subliminalen Marketings in den Medien. Ein epochaltypischer Beitrag zur Medienbildung bei Kindern und Jugendlichen.* Berlin 2007.

Hammann, Joachim: *Die Heldenreise im Film – Drehbücher, aus denen die Filme gemacht werden, die wirklich berühren.* Frankfurt am Main 2007.

Hermann, Jörg: *Sinnmaschine Kino. Sinndeutung und Religio in populären Film,* 2. Aufl. Gütersloh 2002.

Iglhaut, Stefan, Armin Medosch und Florian Rötzer (Hrsg.): *Stadt am Netz. Ansichten von Telepolis.* Mannheim 1996.

Pfleging, Bettina: *Effektives Lernen mit multimedial aufbereiteten Inhalten. Erste Ergebnisse aus dem Projekt ALICE.* Internationale Hochschulschriften, Bd. 423. Münster 2003.

Pirner, Manfred L.: *Fernsehmythen und religiöse Bildung. Grundlegung einer medienerfahrungsorientierten Religionspädagogik am Beispiel fiktionaler Fernsehunterhaltung.* Frankfurt am Main 2001.

Postmann, Neil: *Das Verschwinden der Kindheit,* 15. Aufl. Frankfurt am Main 2003.

Postmann, Neil: *Wir amüsieren uns zu Tode. Urteilsbildung im Zeitalter der Unterhaltungsindustrie,* 16. Aufl. Frankfurt am Main 2003.

Renner, Karl-Heinz, Astrid Schütz und Franz Machilek (Hrsg.): *Internet und Persönlichkeit. Differentiell-psychologische und diagnostische Aspekte der Internetnutzung.* Göttingen 2005.

Röll, Franz Josef (Hrsg.): *Mythen und Symbole in populären Medien. Der Wahrnehmungsansatz in der Medienpädagogik.* Frankfurt am Main 2006.

Rüppell, Hermann: »Lerntheoretische Entwicklung multimedialer Anwendungen (LEMMA), ein multimediales Weiterbildungsprogramm zur lernpsychologischen Qualifizierung von Multimedia-Autoren.« Vortrag, Workshop zur Mediengestaltung vom Universitätsverbund MultiMedia am 30. 9. 1998 und

1. 10. 1998 in Hagen. http://www.uvm-nw.de/infothek/mediengestaltung/workshop/vortrag/rueppel/f_folien.html (Zugriff: 10. 3. 2000).

Rüppell, Hermann: Eidetik. <http://www.uni-koeln.de/phil-fak/paedsem/psych/mm_prod/eidetik/eidetik.htm (Zugriff: 2. 2. 2000).

Spitzer, Manfred: *Vorsicht Bildschirm! Elektronische Medien, Gehirnentwicklung, Gesundheit und Gesellschaft.* Stuttgart 2005.

Thomas, Günter: *Implizite Religion. Theoriegeschichtliche und theoretische Untersuchungen zum Problem ihrer Identifikation.* Würzburg 2001.

Vogler, Christopher: *Die Odyssee des Drehbuchschreibers. Über die mythologischen Grundmuster des amerikanischen Erfolgskinos,* 5. Aufl. Frankfurt am Main 2007.

Winterhof-Spurk, Peter: *Kalte Herzen. Wie das Fernsehen unseren Charakter formt,* 2. Aufl. Stuttgart 2005.

Der Film »Herr der Diebe« – Wertevermittlung durch ein Begleitspiel

Tabea Tews

1. Vorstellung des Projektes

Im Rahmen des Sozialpädagogikstudiums an der Theologischen Hochschule Friedensau kam es zu einer Projektarbeit im Kurs für Medienpädagogik. Dieses Projekt entstand in Zusammenarbeit mit Anna Tide und Sarah Kluth und soll im Folgenden kurz vorgestellt werden.

Das Ziel unseres Projektes ist es, durch den Film »Herr der Diebe«, ein dazu selbst kreiertes Spiel und eine dazugehörige Präsentation verschiedene Themen und Werte an Kinder zu vermitteln. Das Medium Film soll in diesem Projekt Gegenstand des Lernens sein und damit seiner Bedeutung in unserer Medien- und Informationsgesellschaft Rechnung tragen. Die bewegten Bilder gehören mit zu den ersten kulturellen Erfahrungen von Kindern auf dem Weg der Aneignung der Welt und auch der Medien.

> Die Auseinandersetzung mit [dem Medium] Film ist deshalb zentral für eine gute, qualifizierte und zeitgemäße Allgemein- und Medienbildung. Kinder und Jugendliche brauchen entsprechende Kompetenzen, um Filme kritisch »lesen« zu können und reflektiert und produktiv zu nutzen.[1]

Zielgruppe sind Schulkinder im Alter von 10 bis 12 Jahren. Das Projekt wird in Spielform im Rahmen des Unterrichts in der Klasse durchgeführt, soll die Kinder an verschiedene Themen heranführen und außerdem Kommunikation und soziale Prozesse unterstützen. Das Spielen und Auseinandersetzen mit dem Film soll den Klassenverband stärken und Interaktivität innerhalb der Gruppe fördern. Durch das gemeinsame Sehen des Films, das gemeinsame Spielen und damit auch Reflektieren des Films sollen die Kinder teilhaben an menschlichen Konflikten. Sie sollen zum Nachdenken angeregt werden und Wertehaltungen und Lebenskonzepte über-

---

1 Völcker o. J. (Zugriff: 15. 3. 2010).

prüfen sowie ihre Erfahrungshorizonte erweitern.[2] Folgende Themen und Werte stehen dabei im Mittelpunkt: Freundschaft, Verantwortung und Mut, Abenteuer, Geschwisterliebe und Familie, die Freiheit, Kind zu sein, und die Behauptung in einer Welt, in der die Erwachsenen die Regeln aufstellen (Kindheit *versus* Erwachsensein).

Neben der oben genannten Ausrichtung ist ein weiteres übergeordnetes Ziel, die Medienkompetenz der Schüler zu fördern. Ralf Vollbrecht bezeichnet Medienkompetenz als »eine Fähigkeit im Umgang mit Wissen über mediale Kommunikation«.[3] Dem Schüler soll eine mündige und kritische Nutzung des Mediums Film vermittelt werden. Zur mündigen und kritischen Nutzung des Mediums gehört die »autonome Fähigkeit, mit Wissen umzugehen, es anzuwenden und zu interpretieren«.[4]

2. Kurze Zusammenfassung des Films

Die Waisenkinder Bo und Prosper fliehen vor ihren herzlosen Pflegeeltern nach Venedig, wo sie auf den 15-jährigen Scipio und seine Diebesbande treffen.

Scipio bestiehlt die Reichen als »Herr der Diebe«, um für die hilfsbedürftigen Mitglieder seiner Kinderbande zu sorgen. Eines Tages bekommt Scipio den Auftrag, einen einzelnen hölzernen Löwenflügel zu stehlen, der ein Teil von einem uralten, magischen Karussell ist, das die Kraft besitzt, seine Passagiere älter oder jünger werden zu lassen. Sein Auftraggeber möchte den fehlenden Löwenflügel an das Karussell fügen, um es wieder funktionstüchtig zu machen. Der Auftrag ist eine große Herausforderung für die Diebesbande, zumal ein böser Hehler und ein Privatdetektiv der Bande auf den Fersen sind.

3. Spielverlauf

Zum Spiel finden sich maximal drei Gruppen mit jeweils drei Teilnehmern zusammen. Jede Gruppe erhält eine Spielfigur (die Spielfiguren stellen die Hauptdarsteller des Films »Herr der Diebe« dar) und setzen diese an den Start. Jede Gruppe würfelt einmal, die Gruppe mit der höchsten Augenzahl darf noch einmal würfeln und beginnt mit dieser Würfelrunde das Spiel. Ziel ist es, die einzelnen Spielfelder in Pfeilrichtung entlangzulaufen und verschiedene Aktionen gemeinsam als Gruppe erfolgreich auszuführen. Damit möglichst keine Aktionsfelder verpasst werden,

---

2   Vgl. ebd.
3   Vollbrecht 2001, S. 59.
4   Dewe Sander zitiert nach ebd., S. 63.

befinden sich auf dem Würfel nur drei Augenzahlen in doppelter Ausführung (zwei, vier, sechs Augen). Auf jedem Aktionsfeld wartet eine zum Thema passende Aufgabe und zu einzelnen Feldern zusätzlich noch Filmausschnitte. Alle Aktionen müssen ausgeführt werden, bei Nichterfüllung muss sich die betroffene Gruppe mit ihrer Spielfigur zum Start begeben. Zu den Filmausschnitten gibt es jeweils mindestens eine Frage zu den oben aufgeführten Themen (Kindsein *versus* Erwachsensein, Freundschaft, Verantwortung etc.). Außerdem existiert ein »Tabu-Feld« mit dazugehörigen »Tabu-Karten« – der oben stehende Begriff muss erklärt werden, ohne dass die darunterstehenden Begriffe verwendet werden dürfen. Ein Spieler aus der betroffenen Gruppe erklärt einen Begriff und *alle* Spieler des Spiels dürfen den Begriff erraten. Die Gewinnermannschaft rückt nun zwei Felder vor.

Eine andere Aktion zum Thema Erwachsensein beinhaltet das Malen von sich selbst als Erwachsenem und das anschließende Vorstellen des Bildes. Dabei ist darauf zu achten, dass die Kinder nicht zu viel Zeit zum Malen haben, weil sich sonst die restlichen Gruppen langweilen. Das Aktionsfeld »Gemeinsam sind wir stark! Lasst euch fallen!« beinhaltet das gegenseitige Fallenlassen und Auffangen. Die Gruppe, die als erste im Ziel (»Finish«) ankommt, hat gewonnen, wobei es bei dem Spiel nicht um das Gewinnen geht, sondern um die gemeinsame spielerische Auseinandersetzung mit dem Film und den oben genannten Themen. Bevor das Spiel gespielt wird, steht die Empfehlung, den Film als Klasse gemeinsam anzuschauen.

4. Zum Schluss

Geschichten wie »Peter Pan« oder »Pippi Langstrumpf« erzählen von Kindern, die nicht erwachsen werden wollen. Der Film »Herr der Diebe« greift in der Person des Scipio den Wunsch auf, so schnell wie möglich erwachsen zu werden, um all das tun zu können, was einem Kind nicht möglich ist. Als »Herr der Diebe« schlüpft er in die Rolle eines Erwachsenen, wird Anführer einer Diebesbande und lebt darin seinen Traum vom Erwachsensein. Der Film spielt nicht in einer Fantasielandschaft, sondern in Venedig, einer realen und erlebbaren Stadt. Cornelia Funke, die Autorin des Buchs »Herr der Diebe«, nach dem der Film gedreht wurde, schreibt, dass sie einen Ort wählen wollte, den man »anfassen, riechen [und] schmecken« kann. Ihr Ziel dabei war, dass viele Kinder erfahren, dass es solch einen Ort gibt und dass die Wirklichkeit sehr aufregend sein kann.

Obwohl im Film ein paar Menschen das Karussell genutzt haben, um ihren Traum vom Ältersein oder Jüngerwerden zu verwirklichen, so ist es letztendlich wichtig, dass das Karussell zerstört wird, weil der Prozess des Erwachsenwerdens von großer Bedeutung für die Entwicklung des Individuums ist. Auf der einen Seite ist es wichtig, dass Kinder ihre Träume als reale Kraft ernst nehmen, auf der anderen

Seite müssen sie auch verstehen, dass sie nicht immer alles gleich bekommen können. Es ist wichtig, Geduld zu lernen, mit der Notwendigkeit des Wartens umgehen zu können und auf der anderen Seite den Mut zu entwickeln, Träume zu leben und zu verwirklichen. In den meisten Kindern lebt der Traum, erwachsen zu werden und dieser Traum wird eines Tages Wirklichkeit. In diesem Prozess werden sie lernen, dass Erwachsensein nicht nur immer Freiheit bedeutet, sondern auch Verantwortung und vieles mehr. Kürzt man diesen Prozess ab, geht viel verloren an Individualität, Konfliktmanagement etc.

Ein jeder hat solch ein Karussell in Gedanken dabei, so kann man sich in seiner Fantasie sowohl zurück in die Vergangenheit als auch nach vorn in die Zukunft denken. Wichtig ist aber, dass Kinder lernen, in der Wirklichkeit anzukommen und das Hier und Jetzt zu leben, zu gestalten und zu nutzen.

Literatur

Völcker, Beate: Landesinstitut für Schule und Medien Berlin-Brandenburg (LISUM) o. J. Siehe http://bildungsserver.berlin-brandenburg.de/filmbildung.html (Zugriff: 15. 3. 2010).

Funke, Cornelia: http://www.corneliafunke.de/ (Zugriff: 1. 3. 2010).

Vollbrecht, Ralf: *Einführung in die Medienpädagogik.* Weinheim 2001.

Der gesellschaftliche Wertewandel – Ursachen und Wirkungen[1]

Kurt W. Schönherr und Harald Grübele

Viele reden vom gesellschaftlichen Wertewandel wie von Naturereignissen, manche sprechen vom Werteverfall wie von Katastrophen, aber nur wenige sehen Chancen, die sich den vielerorts durch geistige, politische und ökonomische Innovationen veränderten Menschen in einer veränderten Welt erschließen. Wir wollen von den Herausforderungen sprechen, die mit der Wahrnehmung der Chancen verbunden sind: Chancen, die in der Demokratie liegen, die erstmals in Deutschland voll zur Entfaltung kommt, in der Emanzipation der Frau, im lang anhaltenden, hoffentlich immerwährenden Frieden, in Bezug auf Führung und Zusammenarbeit in den Unternehmen. Wir sehen durch den gesellschaftlichen Wertewandel die Chance, aus Untergebenen und Abhängigen, Mitarbeiter und Partner zu machen.

1. Gesellschaftliche Werte und individuelles Werten

Gesellschaftliche Werte sind Zielvorstellungen, die von Menschen in einem Land oder einem Kulturkreis als das Wünschbare, das Richtige und das Gute angesehen werden. Gesellschaftliche Werte äußern sich im Verhalten gegenüber der Religion, dem Staat, der Öffentlichkeit, der Familie, der Nachkommenschaft, der Umwelt usw. Gesellschaftliche Werte beziehen sich aber auch auf den Beruf, das Einkommen und das Eigentum. Gesellschaftliche Werte sind ähnlich wie Sitten und Gebräuche keine Normen, die eingehalten werden müssen. Sie können jedoch, wenn die Gesellschaft es will, zu verbindlichen Regeln in Gesetzesform (zum Beispiel im Umweltschutz) gemacht werden. Der Grad der Verbindlichkeit gesellschaftlicher Werte hängt grundsätzlich ab von der Freiheit, die in einem Lande herrscht. In einer freiheitlichen Gesellschaftsordnung liegt die letzte Entscheidung über die Annahme oder Nicht-Annahme gesellschaftlicher Werte beim Einzelnen, denn jeder Mensch hat seine eigenen Zielvorstellungen vom Richtigen, Wünschbaren und Guten zur Gestaltung seines Lebens. Es steht jedem Menschen

---

1 Leicht veränderter und erweiterter Artikel aus Schönherr 2007, S. 180–193.

grundsätzlich frei, sich dem gesellschaftlichen Wertewandel anzupassen, konform zu sein oder als Außenseiter, als Non-Konformist, zu gelten. Das Entscheiden, das Werten des Einzelnen ist Ausdruck persönlicher Autonomie und Individualität.

2. Der gesellschaftliche Wertewandel in Deutschland

Gesellschaftliche Werte verändern sich. In der Vergangenheit verlief der Veränderungsprozess langfristig: Über Jahrhunderte, ja Jahrtausende war im Altertum und im Mittelalter die Gesellschaft auf das gottgewollte Wohlverhalten ausgerichtet. In der Neuzeit bis in die Gegenwart ist in der westlichen Welt der Individualismus ausgeprägt. Heute spielt die Gesellschaft eine dominante Rolle, überlässt jedoch dem Einzelnen einen großen Entfaltungsspielraum.

Die Gesellschaft in Deutschland war im 19. und 20. Jahrhundert geprägt durch eine rasante Veränderung in fast allen Lebensbereichen: Aus einer landwirtschaftlich geprägten Gesellschaft wurde eine Industriegesellschaft, aus einer Vielzahl kleiner Staaten wurden ein Kaiserreich und eine Republik. Der verlorene Erste Weltkrieg und die Nachkriegszeit mit verheerenden Menschen- und Gebietsverlusten, Inflation und Massenarbeitslosigkeit führten zu einem totalitären Regime, an dessen Ende der totale Zusammenbruch materieller und immaterieller Werte stand, nachdem Werte wie Vaterland, Pflicht, Treue und Ehre von den Nationalsozialisten maßlos missbraucht worden waren. Dann kam das Ende des Zweiten Weltkrieges in Deutschland. Die Menschen der »Stunde Null« kämpften als Ausgebombte, Heimatvertriebene und Kriegsheimkehrer ums Überleben. In der Not, dem Zwang zur Überwindung des Mangels und im Fleiß, der Entsagungsbereitschaft und dem Gemeinschaftsbewusstsein der Menschen lag der Grund für einen lang anhaltenden wirtschaftlichen Aufschwung, der aus einer Mangelgesellschaft eine Überflussgesellschaft machte. Der technische Fortschritt in Form von Produkt- und Verfahrensinnovationen führte auf der Grundlage des wachsenden Volkswohlstandes zu einer dramatischen Veränderung in der Gesellschaft: Aus einer Produktions- bzw. Industriegesellschaft wurde eine Dienstleistungsgesellschaft mit veränderten Qualifikationsanforderungen an die Menschen. Einfache, wiederkehrende Arbeit wurde durch Automation und elektronische Steuerung ersetzt. Der mit dem gehobenen Volkswohlstand verbundene Kostenanstieg führte zudem dazu, dass die Produktion ins Ausland verlagert wurde oder dass ausländische Produkte inländische ersetzten. Parallel zur materiellen Steigerung des Wohlstandes hat sich eine dramatische Veränderung der Arbeitszeiten ergeben. Während in der Zeit nach dem Zweiten Weltkrieg die 48-Stunden-Woche die Regel war, hat sich in den 1980er und 1990er Jahren die Tendenz zur 35-Stunden-Woche durchgesetzt. Aus einer Arbeitsgesellschaft wurde eine Freizeitgesellschaft. Die Weltwirtschaftskrise von 2008/2009 veränderte den Arbeitsmarkt. Die Arbeitszeiten wurden wieder länger bei härteren

Arbeitsanforderungen. Arbeitswerte sind somit wenigstens zeitweise reversibel. Kurz-, Zeit- und Leiharbeit wurden zu wichtigen Faktoren zur Vermeidung der Massenarbeitslosigkeit, führten jedoch bei vielen zur Verunsicherung. Andere wiederum sahen in diesen Maßnahmen Chancen zur Bewährung für eine Festanstellung. Die Weltwirtschaftskrise, die durch das unethische, das heißt selbstsüchtige und kurzfristige Handeln von Managern in Schlüsselpositionen des Bankwesens verursacht worden ist, hat in der Öffentlichkeit das Wertebewusstsein gestärkt.

3. Ökonomische Daten zum Wertewandel in Deutschland

Neben der Veränderung der materiellen Bedingungen des gesellschaftlichen Lebens in der Bundesrepublik Deutschland hat sich eine Veränderung in geistiger Hinsicht ergeben: die Säkularisierung, die Verweltlichung fast aller Lebensbereiche, die Erhöhung der Ansprüche auf eigene Selbstverwirklichung, die Betonung des eigenen (hedonistischen) Lebensgenusses, die Bejahung von Gleichheit und Gleichberechtigung der Geschlechter, die Betonung der eigenen Gesundheit, die Hochschätzung einer ungefährdeten und bewahrten Natur. Gleichzeitig entwickelte sich eine Skepsis gegenüber Werten der Industrialisierung, zum Beispiel zu Gewinn, Wirtschaftswachstum, technischem Fortschritt usw. Von entscheidender Bedeutung ist jedoch, dass in Deutschland aus einer nationalen Gesellschaft eine postnationale Gesellschaft geworden ist. Deutschland wurde aus Überzeugung Teil der Europäischen Union – gemeinsam mit einstigen Gegnern im Westen und im Osten.

Tabelle 1. Die Entwicklung der deutschen Wirtschaft im 20. Jahrhundert

		1900	1950	2000
Reales Bruttoinlandsprodukt je Einwohner in Westdeutschland		100 %	129 %	635 %
Erwerbsstruktur	Landwirtschaft	30 %	15 %	2 %
	Industrie	40 %	45 %	33 %
	Dienstleistungen	30 %	40 %	65 %
		100 %	100 %	100 %
Arbeitszeit		57 Std.	48 Std.	37,5 Std.
Produktivität (Maßstab USA = 100 %)		68 %	35 %	101 %
Lebenserwartung	Männer	45 Jahre	64 Jahre	74 Jahre
	Frauen	48 Jahre	68 Jahre	80 Jahre

4. Bestimmungsfaktoren des Wertewandels

Über die Jahrhunderte blieben die Werte der europäischen Gesellschaft weitgehend konstant: Der Lebensstandard breiter Schichten der Bevölkerung entsprach dem Existenzminimum. Die Sicherung vor Krankheit und Alter lag in erster Linie bei der Großfamilie. Eine gottgegebene ständische Ordnung bestimmte das Zusammenleben der Menschen. Erst durch die philosophische Aufklärung (René Descartes und Immanuel Kant), verbunden mit den Auswirkungen der Reformation und der Französischen Revolution, wurden die Grundlagen zum Durchbrechen der ständischen Ordnung der Gesellschaft und damit zur persönlichen und wirtschaftlichen Entfaltung der Menschen in der westlichen Welt geschaffen. Mit der Sicherung der Existenzbedürfnisse eng verknüpft ist die Entfaltung im oberen Teil der Maslow's Bedürfnis-Pyramide (siehe Abb. 1). Die Bedürfnisse der Menschen wurden individueller und damit unberechenbarer.

Die Öffnung der Gesellschaft aus der ständischen Ordnung hat auch die Entfaltung des Unternehmertums bewirkt und damit den technischen Fortschritt, die Industrialisierung usw. Die Produktivität der Wirtschaft, und damit der Lebensstandard der Menschen, sind enorm gestiegen. Ein entscheidender Faktor hierfür ist die Serienfertigung standardisierter Güter für einen anonymen Markt. Während in den vergangenen Jahrhunderten die handwerkliche Einzelfertigung von langlebigen Wirtschaftsgütern und die handwerkliche Einzelfertigung nach den Wünschen des Bestellers (Kunden) bestimmend war, wurde die Massenproduktion angetrieben in der Hoffnung des Produzenten, dass sich schon Käufer finden würden. Damit war das Marketing geboren, das die Brückenfunktion zwischen Hersteller und Konsumenten einnimmt. Marketing soll bei potenziellen Käufern Bedürfnisse wecken, die für anonyme Käufer produzierten Güter zu erwerben. Je weiter sich die Güter vom Existenzminimum der Maslow'schen Bedürfnispyramide entfernen, desto individueller werden die Wertvorstellungen des Konsumenten für Güter, die er zum Zeitpunkt der Kaufentscheidung (verführt durch das Marketing) zu brauchen meint, jedoch praktisch gar nicht braucht. Indem das Marketing auf Massenkonsum für Massenprodukte ausgerichtet ist, hat es zunehmenden Einfluss auf die Wertvorstellungen der Gesellschaft, zum Beispiel auf das Freizeitverhalten, den Autokauf, die Mode usw. Die Verwirklichung der Chancengerechtigkeit im lebenslangen Lernen bringt mehr Wissen und damit mehr Kritikfähigkeit in allen Bevölkerungsschichten mit sich und erhöht damit die Autonomie der Menschen – auch gegenüber den Versuchungen der Werbung in den Medien.

Je gesättigter der Markt, desto raffinierter das Marketing. Die elektronischen Medien bieten völlig neue Möglichkeiten der bewussten und vor allem der unbewussten Beeinflussung der potenziellen Konsumenten, also der Gesellschaft. Indem in der produzierenden Wirtschaft ein zunehmender Konzentrationsprozess herrscht, werden immer mehr langfristige Strategien zur Kundengewinnung und der Kundenbindung entwickelt. Konzentration bedeutet auch, wirtschaftliche und über den Lobbyismus auch politische Macht in Strategien umzusetzen. Schon das Kleinkind soll bildhaft und akustisch an bestimmte Produkte und Marken herangeführt werden und unbewusst wahrnehmen; später bewusst durch Kaufwünsche gegenüber den Eltern kommunizieren und zuletzt als Erwachsener selbst kaufen. Die Kunst des Marketings wird heute nicht nur von der gewerblichen Wirtschaft genutzt; auch die Politik, die staatlichen und halbstaatlichen Dienstleister usw. suchen durch Öffentlichkeitsarbeit, eine Sonderform des Marketings, im Bewusstsein der Bürger einen Platz zu finden, der zu speziellen Anlässen, wie zum Beispiel Wahlen, aktiviert werden soll.

Der Verführung durch das Marketing steht der Konsument gegenüber, der die Argumente des Pro und Kontra bewusst abwägen soll. Je mehr er sein Verhalten auf seine Bedürfnisse nach rationaler Abwägung seiner Grenzen und Möglichkeiten ausrichtet, desto eher kann er sein Leben autonom gestalten – frei von den Drohungen der Gläubiger, die das Entgelt für spontan gekaufte Güter, die er im Grunde nicht braucht, eintreiben. Heute hat der Einzelne mehr denn je die Chance, ein mündiger Bürger zu sein, in persönlicher, ökonomischer und politischer Hinsicht. Eine Herausforderung für alle Stufen unseres Bildungswesens! Denn die wirksamste Waffe gegen die Verführung durch die Verkaufsinteressen, die bestimmend sind für Inhalt und Gestaltung der Medienbotschaften, ist die autonome Meinungsbildung des Einzelnen und damit die Erhöhung der Rationalität seiner Entscheidungen durch Bildung.

5. Der gesellschaftliche Wertewandel und die Arbeitswelt

Der gesellschaftliche Wertewandel, der sich in Deutschland aufgrund der Ausgangslage der totalen Niederlage nach dem Zweiten Weltkrieg besonders stark ausprägte, hat sich auch in anderen fortschrittlichen Ländern Westeuropas, Nord- und Südamerikas und in einer kulturell bedingten veränderten Form in Japan und anderen fernöstlichen Ländern ausgewirkt. Der gesellschaftliche Wertewandel war und ist deshalb Gegenstand vielfältiger wissenschaftlicher Untersuchungen. Die bekannteste stammt vom amerikanischen Sozialforscher Ronald Inglehart, der zwei Hypothesen entwickelte: die Mangelhypothese und die Sozialisationshypothese.[2] Die Mangelhypothese besagt, dass das Werteverhalten der Menschen den Dingen den höchsten Wert beimisst, die knapp sind. Dieses Verhalten entspricht der grundlegenden Bedürfnispyramide Abraham Maslows (vgl. Abb. 1), der von der Befriedigung der Existenzbedürfnisse ausgeht und der das Bedürfnis nach Sicherheit, gesellschaftlicher Zugehörigkeit und individueller Anerkennung mit dem Wunsch

---

2   Inglehart 1989, S. 77.

nach Erlangung der höchsten Entfaltungsstufe, der Selbstverwirklichung, erklärt. Die wirtschaftliche Entwicklung in Deutschland lässt sich nach dieser Maslow'schen Pyramide nachvollziehen. Der zweite Ansatz zur Begründung des Wertewandels liegt nach Inglehart in der Sozialisationshypothese. Diese besagt, dass die grundlegenden Wertvorstellungen eines Menschen die Bedingungen widerspiegeln, unter denen er aufgewachsen ist. Dies bedeutet, dass die Kriegs- und Nachkriegsgeneration geprägt ist durch einen starken Arbeits- und Aufbauwillen – eine Haltung, die sie ihr Leben lang bewahrt. Die nachfolgende Generation ist in Wohlstand und sozialer Sicherheit aufgewachsen, nimmt materielle Grundlagen eher als selbstverständlich an und widmet sich der Kritik am bestehenden System – und der persönlichen Lebensentfaltung wie Spaß und Genuss. Bemerkenswert ist die Tatsache, dass in der Generation, die unter den Folgen der lang anhaltenden Stagnation, ja Depression und der damit verbundenen sozialen Unsicherheit seit Mitte der 1970er Jahre aufwuchs, wieder eine Veränderung der Haltung, vor allem gegenüber dem Pflichtbewusstsein aufgetreten ist.

Inglehart differenziert die Menschen nach ihren Vorstellungen von gesellschaftlichen Werten in Materialisten, die vor allem Sicherheit, Wohlstand, Recht, Ordnung und Geldstabilität präferieren, und Postmaterialisten, denen Toleranz, Natur, Mitbestimmung am Arbeitsplatz, Redefreiheit und gesunde Umwelt wichtiger sind.[3] Heute leben wir in Deutschland in Bezug auf den Wertewandel der Gesellschaft in einer Situation, die nach unserer Überzeugung zu einer Synthese der Entwicklung der materiellen und der postmateriellen Werte führen kann bzw. führen wird. Die Zeit des wirtschaftlichen Aufschwungs, die Grundlage für postmaterielle Werte war, ist einer Zeit der wirtschaftlichen Stagnation, des Rückschlags gewichen. Deutschland ist heute im Vergleich zu den beiden Jahrzehnten des Wirtschaftswunders ein Land mit geringem Wirtschaftswachstum. Auch wenn kleine Aufschwünge wieder verzeichnet werden, hat es seine frühere Schwungkraft als Motor der wirtschaftlichen Entwicklung verloren. Die Gründe hierfür sind mannigfaltig. Wesentlich sind das Anspruchsdenken der Menschen, das in der Vergangenheit gerechtfertigt war, das typisch deutsche Streben nach Ordnung und Gerechtigkeit, was zu Reglementierung und Statik in einer dynamischen Gesellschaft führt – und das Streben nach politischer Machterhaltung, verbunden mit der Angst vor unpopulären Entscheidungen, die längst überfällig sind. Die Frage nach der Steuerreform, der Reform des Gesundheitswesens und der Altersversorgung sowie der Nutzung der Atomenergie sind wichtige, jedoch nicht entscheidende Impulse für die Weiterentwicklung unserer Gesellschaft und Volkswirtschaft. Von entscheidender Bedeutung ist vielmehr die Wiedergewinnung der Flexibilität auf dem Arbeitsmarkt, die in einer dynamischen Entwicklung einer globalisierten Wirtschaft überlebensnotwendig ist. Dies zeigt auch die Bewältigung der Weltwirtschaftskrise 2008/2009. Auch hier

---

3   Ebd.

stehen die Zeichen auf Veränderung. Veränderungen, die durch die Herausforderungen der neuen osteuropäischen Mitgliedsländer der EU erzwungen werden! Wenn in diesen Ländern 48 Stunden pro Woche bei einem Bruchteil der Lohnkosten, wie sie in Deutschland üblich sind, gearbeitet wird und die Menschen bereit sind, wenn nötig, noch mehr zu arbeiten, und wenn die osteuropäischen Staaten wesentlich niedrigere Einkommen- und Körperschaftssteuern erheben, tritt für uns ein Zwang zur Verwirklichung von Reformen ein, über die seit Langem geredet wird und die fast zerredet sind. Wir sind der Meinung, dass die Menschen in Deutschland die Probleme deutlicher erkennen als manche Politiker, Administratoren und Verbandsvertreter.

6. Der Wertewandel und das Menschenbild

Mit dem Wertewandel in unserer Gesellschaft hat sich ein Wandel des Menschenbildes ergeben. Der Mensch ist heute nicht nur Bürger mit Rechten und Pflichten, sondern auch ein Mitarbeiter mit Rechten und Pflichten. Der Mensch von heute hat einen höheren Bildungsstand als früher und ist eher in der Lage, Ursachen, Wirkungen und Zusammenhänge zu erkennen.

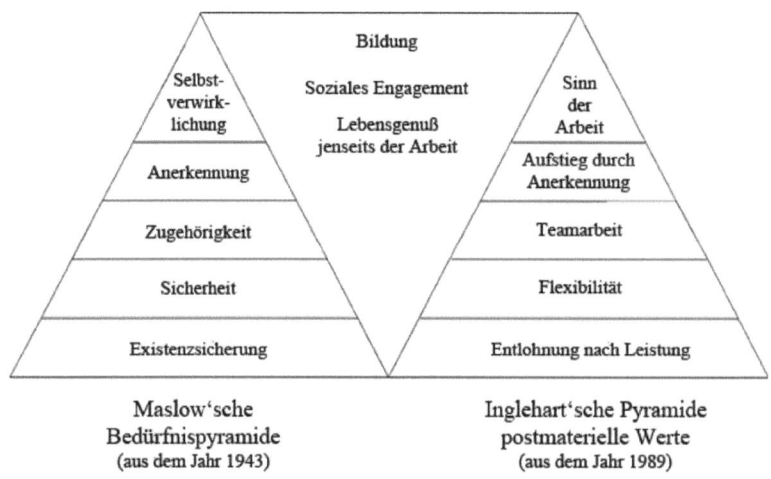

Abb. 1. Bedürfnisse als Motivationsfaktoren zur Arbeitsleistung (Quelle: Schönherr und Grübele)

Die Konsequenz des Wertewandels in der Arbeitswelt und der Gesellschaft ist, dass sich das Verhältnis des Mitarbeiters zur Arbeit und das des Vorgesetzten zu seinen

Mitarbeitern sowie das des Bürgers gegenüber der Obrigkeit grundlegend verändert haben. Während früher die materialistischen Arbeitswerte überwogen, sind heute die postmaterialistischen Werte stärker ausgeprägt. Materialistische Arbeitswerte sind gekennzeichnet durch die materielle Abhängigkeit der Arbeitnehmer, die sich auswirken in Gehorsam, Pflichtbewusstsein, Zuverlässigkeit und Treue. Postmaterielle Werte setzen einen gewissen Wohlstand und damit eine relative Unabhängigkeit des Arbeitnehmers voraus. Der Lohn der Arbeit wird stärker in Verbindung mit Leistung und Anerkennung gesehen. Flexibilität in Bezug auf Art und Ort der Arbeit, Mitentscheidung im Team, Mitgestaltung und Aufstieg durch Anerkennung werden zu wesentlichen Motivationsfaktoren. In Zeiten von Wirtschaftskrisen treten materialistische Arbeitswerte, wie Sicherheit der Arbeitsplätze, wieder in den Vordergrund. Abb. 1 zeigt die Bedürfnisse als Motivationsfaktoren zur Arbeitsleistung nach Maslow und die Veränderung nach Inglehart.

7. Der Wertewandel und die Entwicklung der Bedürfnisse

Von zunehmender Bedeutung sind die persönlichen Bedürfnisse. Die Verbindung materialistischer und postmaterialistischer Werte ist ein erstrebenswertes Ideal: Sinn der Arbeit in Verbindung mit Mitgestaltung, Pflichtbewusstsein, Zuverlässigkeit und Treue aus Überzeugung, in Verbindung mit Anerkennung, Flexibilität und Aufstieg bilden eine erstrebenswerte Synthese, sowohl für den Arbeitgeber als auch für den Arbeitnehmer – eine Herausforderung an alle Führungskräfte.

8. Weiterbildung – lebenslanges Lernen

Der Arbeitsmarkt von heute und erst recht von morgen ist dynamisch und fordert vom Einzelnen Flexibilität und Anpassungsfähigkeit. Prognosen für längerfristigen Bedarf an Arbeitsplätzen für eine Vielzahl von Bewerbern werden immer fragwürdiger. Der Einzelne ist gefordert, mit seinen Anlagen und Fähigkeiten sowie seiner bisherigen Ausbildung und Berufspraxis individuell Tätigkeiten zu suchen und zu finden, in denen er zur Entfaltung kommt und die ihm den Lebensunterhalt sichern. Je spezialisierter die Arbeitsgänge in der Produktion und der Dienstleistungserstellung und je differenzierter die Kundenwünsche werden, desto wichtiger wird das Selbstlernen, die Qualifikation durch Eigeninitiative, neben oder in Verbindung mit den organisierten Lernangeboten in Kursen und Seminaren. Die bewährten Printmedien und die neuen elektronischen Medien bieten heute eine Fülle von Angeboten des begleitenden Selbstlernens, des Fernstudiums. Das Fernstudium im Verbund mit dem organisierten Lernen in den Institutionen der Erwachsenenbildung ist die Weiterbildungschance der Zukunft.

Voraussetzung ist einerseits die Motivation, der Wille zum Lernen, und andererseits ein gediegenes Fundament an Wissen, Fähigkeiten und Fertigkeiten, das unser gegliedertes Schulsystem durch die Vermittlung von Kulturtechniken, Allgemeinbildung und Fachausbildung schafft. Das Lernen lernen, die Fähigkeit zum selbst organisierten Lernen, muss zu einem wesentlichen Anliegen der Schule werden. Doch die Ausbildungszeit ist heute und erst recht morgen im Verhältnis zur verlängerten Lebenserwartung und Lebensarbeitszeit, vor allem aber durch den sich rasant entwickelnden technischen und organisatorischen Fortschritt, kurz. Dementsprechend steigt die Bedeutung der Weiterbildung, um den Menschen geistig und beruflich fit zu erhalten. Doch Weiterbildung sollte nicht nur beruflich qualifizieren, sondern auch die Entwicklung des Menschen fördern, indem er Zusammenhänge erkennen und lernen kann, sich selber und andere besser zu verstehen. Lernen soll auch Freude machen, indem Neues entdeckt wird und bisher nicht Verstandenes verständlich wird, indem man in die Lage versetzt wird, mitreden zu können, den Sinn der Arbeit zu verstehen, der man sich widmet oder widmen will.

Die Menschen werden heute immer älter (vgl. Tab. 1). Die Konsequenz wird eine fließende Altersgrenze für das Ausscheiden aus dem Beruf sein. Vor allem Angehörige der freien Berufe werden über eine gesetzliche Altersgrenze hinaus arbeiten, andere werden ehrenamtliche Funktionen übernehmen, die direkt oder indirekt mit ihrem Beruf zu tun haben. Viele werden sich jedoch Tätigkeiten zuwenden, die sie während ihrer Berufstätigkeit schon immer gerne machen wollten, für die sie aber nie Zeit hatten: Sie setzen sich selbst Bildungsziele, von denen sie Spaß erwarten: Sie werden ein Leben lang lernen.

9. Weiterbildung – Investition in die Zukunft

Maslow hat an die Spitze seiner Pyramide der Bedürfnisbefriedigung des Menschen die Selbstverwirklichung gestellt. Unsere Gesellschaft ist so weit fortgeschritten, dass sie weitaus mehr Menschen die Möglichkeit zur Selbstverwirklichung bietet, als dies noch vor wenigen Jahrzehnten der Fall war. Selbstverwirklichung bedeutet Individualität in der Gesellschaft, Eingebettetsein in den Kreislauf der Wirtschaft, Einbezogensein in die Gestaltung des öffentlichen Lebens. Dies setzt jedoch Leistung für die Gesellschaft voraus. Leistung wiederum benötigt Qualifikation, eine Qualifikation, die den Wünschen und Potenzialen des Einzelnen und den Anforderungen der Wirtschaft entspricht.

Der Wertewandel war aus ökonomischer Sicht nur möglich durch Innovationen in der Technologie. Innovationen brauchen Investitionen, also den Einsatz von Produktionsmitteln. Für den Einzelnen und für die Gesellschaft ist eine Grundausbildung eine Investition in die Zukunft. Investitionen nutzen sich im Laufe der Zeit ab. Reinvestitionen werden erforderlich. Investitionen können aber auch zu einer höheren Produktivität führen, dies sind Verbesserungsinvestitionen. Investitionen sind jedoch immer mit Unsicherheiten verbunden. Sie sind abhängig von der Akzeptanz durch den Markt. Ähnlich ist es mit der beruflichen Bildung: Die Anpassungsweiterbildung ist eine Reinvestition, Aufstiegsweiterbildung eine Verbesserungsinvestition. In manchen Fällen wird eine Neuinvestition, eine Umschulung erforderlich sein. Immer gilt es jedoch, Chancen wahrzunehmen für den Einzelnen als Mitarbeiter und für das Unternehmen als Arbeitgeber. Die Öffentlichkeit kann nur Rahmenbedingungen zur Entfaltung von Investitionen bieten und diese gegebenenfalls fördern. Investieren in die eigene Zukunft muss jedoch der Einzelne selbst.

10. Die demografische Entwicklung, die Integration Europas und der gesellschaftliche Wertewandel

Die Menschen werden immer älter, heute in Deutschland und in den fortgeschrittenen Gesellschaften, morgen in Entwicklungsländern. Gelingt es nicht, Werte zu erhalten und zu entfalten, die die Solidarität, die Gemeinschaftsverantwortung innerhalb der Generationen, insbesondere in der Familie wiederherstellen beziehungsweise stabilisieren, ist eine Isolation der älteren Generation und damit Konfliktpotenzial zu erwarten, das sich gesellschaftlich und auch politisch brisant auswirken kann. Verschärft wird das Problem durch die zunehmende Ersetzung menschlicher Arbeit durch den Computer und die durch ihn gesteuerten Systeme. Die jüngere Generation wird darauf drängen, dass die Älteren möglichst frühzeitig in den Ruhestand gehen, um an deren Arbeitsplätze zu gelangen. Die Älteren werden darauf drängen, einen materiell gesicherten Lebensabend zu erleben, obwohl sich die Lebenserwartung und damit die Zeit des Rentnerdaseins ganz wesentlich erhöht hat (vgl. Tab. 1). Die Diskussion um die Alterssicherung wird sich verschärfen, wenn es um 2030 erstmals mehr Ältere (über 65-Jährige) als Jüngere (zwischen 20- bis 64-Jährige) geben wird. Die Lebenserwartung bei Männern wird im Jahr 2050 auf etwa 85 und bei Frauen auf etwa 89 Jahre steigen. Die Wertschätzung der älteren Generation, die den Wohlstand in Deutschland geschaffen hat, durch die nachfolgende, die für die Alten wird sorgen müssen, ist einer der Lösungsansätze der vielfältigen Problematik. Die jetzige arbeitsfähige Generation schafft materielle Zukunftswerte und ist verantwortlich für die ökologischen Rahmenbedingungen der Zukunft. Sie muss Verständnis haben für die Probleme der Nachfolgenden. Waren es früher nationale Konflikte (Kriege) und ideologische Auseinandersetzungen (Kalter Krieg), die in der Gesellschaft die Werte bestimmten, werden in Zukunft Produkt- und Verfahrensinnovationen, die fortschreitende Medientechnik, das Streben nach Energie- und Rohstoffressourcen, die Erschließung ungesättigter Märkte sowie der Klimawandel zu Unsicherheiten in der Arbeitswelt und in der Lebensgestaltung führen. Indem heute das Wissen durch die Medientechnik weltweit zugänglich ist, werden jene Volkswirtschaften dominant sein, die bereit und in der Lage sind, Wissen zu übernehmen, anzuwenden und weiterzuentwickeln. Der Wettbewerb und damit die Unsicherheit im Beruf und um den Arbeitsplatz werden steigen. Es gilt, auf einer breiten, allgemeinen Ausbildungsgrundlage aufbauend, fähig und flexibel zu sein, sich neuen Herausforderungen zu stellen. Die Bereitschaft hierfür ist auch ein Problem gesellschaftlicher Werte, das durch frühzeitigen, vorurteilsfreien und offenen Dialog gelöst werden kann.

Ein weiteres Zukunftsproblem ist die Integration von Mitbürgern, die als Zuwanderer anderen Glaubensgemeinschaften angehören als dem Christentum. Überalterung und Geburtenrückgang (Geburtenrate 1,4 Kinder pro Frau) in der deutschstämmigen Bevölkerung werden zu einem höheren Anteil ausländischer Mitbürger an der Gesamtbevölkerung in Deutschland führen als heute (19 Prozent). In Anbetracht der Einigung Europas und der damit verbundenen Freizügigkeit der Bürger bei der Wahl des Wohnorts und des Arbeitsplatzes innerhalb der Gemeinschaft sowie der zunehmenden Internationalisierung wird Deutschland, nachhaltiger Wohlstand vorausgesetzt, weiterhin zum Zuwanderungsland. Es wird eine Kompensation fehlender deutscher Arbeitskräfte durch Ausländer eintreten – eine Herausforderung für Deutsche, im Wettbewerb auf dem Arbeitsmarkt zu bestehen. Auch hierdurch werden sich gesellschaftliche Werte verändern. Sie können in Ausländerfeindlichkeit umschlagen, wenn sich Vorurteile als zutreffend erweisen – oder in Ausländerfreundlichkeit, wenn Integrationswilligkeit und Bewährung durch Leistung bei den Immigranten gegeben sind. Vonseiten der Zuwanderer sind Integrationsfähigkeit und Integrationswilligkeit Voraussetzungen für ein Nebeneinander, das zum Miteinander führen kann. Gleichermaßen wichtig ist die Bereitschaft der Deutschen, fremde Kulturen zu tolerieren, ja zu akzeptieren – wiederum eine Herausforderung an das lebenslange Lernen.

Ein weiterer ernst zu nehmender Faktor ist die Globalisierung und die damit verbundene Vernetzung der Volkswirtschaften. Dadurch können aus jedem Teil der Erde die Ressourcen herangezogen werden, die am wirtschaftlichsten sind, was zu einer Wettbewerbsverzerrung gegenüber der heimischen Produktion führen kann. Produktionsverlagerung ins Ausland oder Spezialisierung auf Marktnischen, vor allem Streben nach Innovationsvorsprung, sind Lösungen, die auf internationale Arbeitsteilung ausgerichtet sind.

Es gilt, die durch Informationstechnologien ermöglichte Produktions- und Produktivitätssteigerung in Form der elektronisch gesteuerten, menschliche Arbeitskräfte ersetzenden Massenproduktion und die durch die Globalisierung erschlossene Ressourcenoptimierung, neue Formen der Einkommensverteilung zu erschließen, die den Menschen ein menschenwürdiges Leben im Sinne der Menschenrechte und der ethischen Gebote der Weltreligionen ermöglichen. Ein aus dem Produktivitätszuwachs technischer Anlagen finanziertes bedingungsloses Grundeinkommen für alle Bürger ist eine der Lösungsmöglichkeiten, die es zu diskutieren gilt, um den derzeitigen Trend der Konzentration von Einkommen und Vermögen in den Händen einer Minderheit zugunsten einer breiten Mittelschicht umzukehren – und den Wahlspruch Ludwig Erhards für das Wirtschaftswunder der Nachkriegsjahre, als es allen Deutschen schlecht ging, zu verwirklichen: Wohlstand für alle! Voraussetzung hierfür sind von der Gesellschaft nicht nur akzeptierte, sondern gelebte Werte wie: Gemeinsinn, Ehrlichkeit, Friedfertigkeit, Leistungsbereitschaft, Achtung vor der Person des anderen und Umweltbewusstsein.

Literatur

Hacker, Klaus, und Kurt W. Schönherr: *Unternehmensnachfolge im Mittelstand – Vom Mitarbeiter zum Mitunternehmer.* Zürich 2007.

Inglehart, Ronald: *Modernisierung und Postmodernisierung: Kultureller, wirtschaftlicher und politischer Wandel in 43 Gesellschaften.* Frankfurt am Main 1998.

Inglehart, Ronald: *Kultureller Umbruch. Wertewandel in der westlichen Welt.* Frankfurt 1989.

Inglehart, Ronald, und Christian Welzel: *Modernization, Cultural Change and Democracy.* Cambridge 2005.

Institut der deutschen Wirtschaft: *Deutschland 2000 Wandel – Wachstum, Wohlstand.* Köln 2000.

Institut der deutschen Wirtschaft: *Deutschland in Zahlen 2010.* Köln 2010.

Klages, Helmut: *Werteorientierung im Wandel.* Frankfurt am Main 1985.

Klages, Helmut: »Wertewandel: Rückblick, Gegenwartsanalyse, Ausblick.« In: Wilfried Feix: *Personal 2000.* Wiesbaden 1991.

Klages, Helmut: *Der blockierte Mensch: Zukunftsaufgaben gesellschaftlicher und organisatorischer Gestaltung.* Frankfurt am Main 2002.

Kraus, Katrin: *Lebenslanges Lernen – Karriere einer Leitidee.* Bielefeld 2001.

Noelle-Neumann, Elisabeth, und Thomas Petersen: »Zeitenwende: Der Wertewandel 30 Jahre später.« In: Bundeszentrale für politische Bildung: »Aus Politik und Zeitgeschichte«. Beilage Wochenzeitung *Das Parlament,* www.spb.de (Zugriff: 14. Juni 2004).

Noris, Pippa, und Ronald Inglehard: *Cosmopolitan Communications, Cultural Diversity in a Globalized World.* Cambridge 2009.

Opaschowski, Horst W.: *Deutschland 2010: Wie wir morgen arbeiten und leben – Voraussagen der Wissenschaft zur Zukunft unserer Gesellschaft.* Hamburg 2001.

Opaschowski, Horst W.: *Deutschland 2030.* Gütersloh 2009.

Rosenstiel, Lutz von: »Wertewandel.« In: Alfred Kieser, Gerhard Reber und Rolf Wunderer (Hrsg.): *Handwörterbuch der Führung.* Stuttgart 1995.

Rosenstiel, Lutz von: »Grundlagen der Führung.« In: Lutz von Rosenstiel, Erika Regnet und Michel Domsch (Hrsg.): *Führung von Mitarbeitern.* Stuttgart 2003.

Schönherr, Kurt W., und Wolfgang Sigg: *Welt im Wandel.* Scheidegg 2007.

Wunderer, Rolf: *Führung und Zusammenarbeit.* München und Neuwied 2003.

Autoren

Bojan Godina, Dr. phil.
Studium der Theologie, Psychotherapie, Verhaltenswissenschaften; Dissertation im Bereich der Medien-
und Bildungswissenschaften; Leiter des Instituts für kulturrelevante Kommunikation und Wertebildung
(IKU). Lehrauftrag für Medienpädagogik an der Theologischen Hochschule Friedensau. In Kooperation
mit Harald Grübele und Leo Keidel Entwicklung des Heidelberg-Winnenden-Modells des Medienscouts.

Harald Grübele, Dipl.-Math.
Studium der Mathematik, speziell CAGD; Geschäftsführer von Vimotion, Spezialist für Medientechnik,
CGI- und Software-Development. Seit mehr als zehn Jahren im Filmbereich tätig; mit Vimotion verantwortlich für die Spezialeffekte im Spielfilm »Herr der Diebe«; mehrere Jahre Lehrauftrag an der Film-
akademie in Ludwigsburg.

Dagmar Janssen, Dipl.-Soz.-Päd., MSc. (Couns.Psych.)
Studium der Sozialpädagogik und Beratungspsychologie; freie Mitarbeiterin im IKU-Institut, Mitbe-
gründerin des »Naturecode«-Projekts; psychologische Beratungspraxis in Einzel-, Paar- und Gruppen-
beratung, Coaching und Supervision auf der Basis eines förderdiagnostischen Ansatzes.

Leo Keidel, BA
Studium und Weiterbildung im Bereich der Soziologie; Kriminalhauptkommissar; Experte der Kriminal-
prävention; Leiter vom »Haus der Prävention« der Polizeidirektion Waiblingen; Entwickler des preisge-
krönten Präventionsprojekts »Gewalt ist keine Lösung«.

Patric P. Kutscher, Dipl. Verkaufs- und Verhaltenstrainer
Gründete 1999 das Institut für Stimm- und Sprecherziehung K.G. sowie das Deutsche Institut für
Rhetorik K.G. mit Sitz in Bensheim bei Frankfurt am Main; zertifizierter Business- und Management-
Coach; veranstaltet Seminare und Einzelcoachings in den Bereichen Stimme und Sprechen, Rhetorik und
Verkaufspsychologie; Sprecher für das ZDF in Mainz; bietet regelmäßig in Zusammenarbeit mit den
großen Seminar- und Konferenzveranstaltern in Deutschland und Europa Seminare für Führungskräfte
und Manager an; ausgezeichnet unter anderem mit dem Internationalen Deutschen Trainingspreis 2006.

Kurt W. Schönherr, Prof. Dr. phil.
Studium der Wirtschaftswissenschaften in Tübingen; promovierte an der Universität Wien; Pionier des
Fernlernwesens in Deutschland; Mitgründer und früherer Präsident der AKAD-Privathochschulen in
Stuttgart; heute Initiator und Direktor der Deutschen Akademie für Management in Berlin; Lehrtätigkeit
in Betriebswirtschaft, Wirtschaftsethik, Marketing und Pädagogik an Hochschulen in Lahr/Schwarzwald,
Pforzheim, Rendsburg und Stuttgart; Seminare und Vorträge an Akademien in Freiburg und Künzelsau
sowie an Volkshochschulen bundesweit; zahlreiche Veröffentlichungen zu Fragen der Erwachsenen-

bildung, der Bildungspolitik und der Unternehmensführung. Träger des Bundesverdienstkreuzes l. Klasse und anderer Auszeichnungen.

Lorethy Starck, Dipl.-Theol.
Studium der Theologie und Beratungspsychologie; Pastor, Religionspädagoge, Mediator und Seelsorger in Bremen und Niedersachsen. Mitbegründer des »Moviecode«-Projekts; freier Mitarbeiter am IKU-Institut.

Tabea Tews, BA of Social Work, Studentin an der Theologischen Hochschule Friedensau.

Medienpädagogik

Uwe Sander / Friederike von Gross /
Kai-Uwe Hugger (Hrsg.)
Handbuch Medienpädagogik
2008. 602 S. Br. EUR 49,90
ISBN 978-3-531-15016-1

Kai-Uwe Hugger (Hrsg.)
Digitale Jugendkulturen
2010. 268 S. Br. EUR 29,90
ISBN 978-3-531-16091-7

Kai-Uwe Hugger / Markus Walber (Hrsg.)
Digitale Lernwelten
Konzepte, Beispiele und Perspektiven
2010. 298 S. Br. EUR 29,95
ISBN 978-3-531-16365-9

Petra Grell / Winfried Marotzki /
Heidi Schelhowe (Hrsg.)
**Neue digitale Kultur-
und Bildungsräume**
2009. 200 S. (Medienbildung und
Gesellschaft Bd. 12) Br. EUR 24,90
ISBN 978-3-531-16958-3

Sonja Ganguin
**Computerspiele
und lebenslanges Lernen**
Eine Synthese von Gegensätzen
2010. 442 S. (Medienbildung und
Gesellschaft Bd. 13) Br. EUR 39,95
ISBN 978-3-531-17487-7

Manuela Pietraß /
Rüdiger Funiok (Hrsg.)
Mensch und Medien
Philosophische und
sozialwissenschaftliche Perspektiven
2010. 204 S. (Medienbildung und
Gesellschaft Bd. 14) Br. EUR 24,95
ISBN 978-3-531-16873-9

Kerstin Volland
Zeitspieler
Inszenierungen des Temporalen
bei Bergson, Deleuze und Lynch
2009. 191 S. (Medienbildung und
Gesellschaft Bd. 11) Br. EUR 34,90
ISBN 978-3-531-16404-5

Erhältlich im Buchhandel oder beim Verlag.
Änderungen vorbehalten. Stand: Juli 2010.

www.vs-verlag.de

VS VERLAG

Abraham-Lincoln-Straße 46
65189 Wiesbaden
Tel. 0611.7878-722
Fax 0611.7878-400

Grundlagen Erziehungswissenschaft

Isabell van Ackeren / Klaus Klemm
Entstehung, Struktur und Steuerung des deutschen Schulsystems
Eine Einführung
2009. 199 S. Br. EUR 16,90
ISBN 978-3-531-16469-4

Ben Bachmair
Medienwissen für Pädagogen
Medienbildung in riskanten Erlebniswelten
2009. 375 S. Br. EUR 24,90
ISBN 978-3-531-16305-5

Jutta Ecarius / Marcel Eulenbach / Thorsten Fuchs / Katharina Walgenbach
Jugend und Sozialisation
2010. 292 S. (Basiswissen Sozialisation) Br.
ca. EUR 22,95
ISBN 978-3-531-16565-3

Jutta Ecarius / Nils Köbel / Katrin Wahl
Familie, Erziehung und Sozialisation
2010 158 S. (Basiswissen Sozialisation) Br.
ca. EUR 16,95
ISBN 978-3-531-16566-0

Detlef Garz
Sozialpsychologische Entwicklungstheorien
Von Mead, Piaget und Kohlberg bis zur Gegenwart
4. Aufl. 2008. 189 S. Br. EUR 22,90
ISBN 978-3-531-16321-5

Heinz Moser
Einführung in die Medienpädagogik
Aufwachsen im Medienzeitalter
5., durchges. u. erw. Aufl. 2010. 332 S. Br.
EUR 29,95
ISBN 978-3-531-16164-8

Heinz Reinders / Hartmut Ditton / Cornelia Gräsel / Burkhard Gniewosz (Hrsg.)
Empirische Bildungsforschung
Eine Einführung
2010. ca. 260 S. Br. ca. EUR 29,95
ISBN 978-3-531-16844-9

Bernhard Schlag
Lern- und Leistungsmotivation
3. Aufl. 2009. 173 S. Br. EUR 19,90
ISBN 978-3-531-16511-0

Agi Schründer-Lenzen
Schriftspracherwerb und Unterricht
Bausteine professionellen Handlungswissens
3. Aufl. 2008. 252 S. Br. EUR 19,90
ISBN 978-3-531-16168-6

Erhältlich im Buchhandel oder beim Verlag.
Änderungen vorbehalten. Stand: Juli 2010.

www.vs-verlag.de

VS VERLAG

Abraham-Lincoln-Straße 46
65189 Wiesbaden
Tel. 0611.7878-722
Fax 0611.7878-400

If you have any concerns about our products,
you can contact us on
ProductSafety@springernature.com

In case Publisher is established outside the EU,
the EU authorized representative is:
**Springer Nature Customer Service Center GmbH
Europaplatz 3, 69115 Heidelberg, Germany**

Printed by Libri Plureos GmbH
in Hamburg, Germany